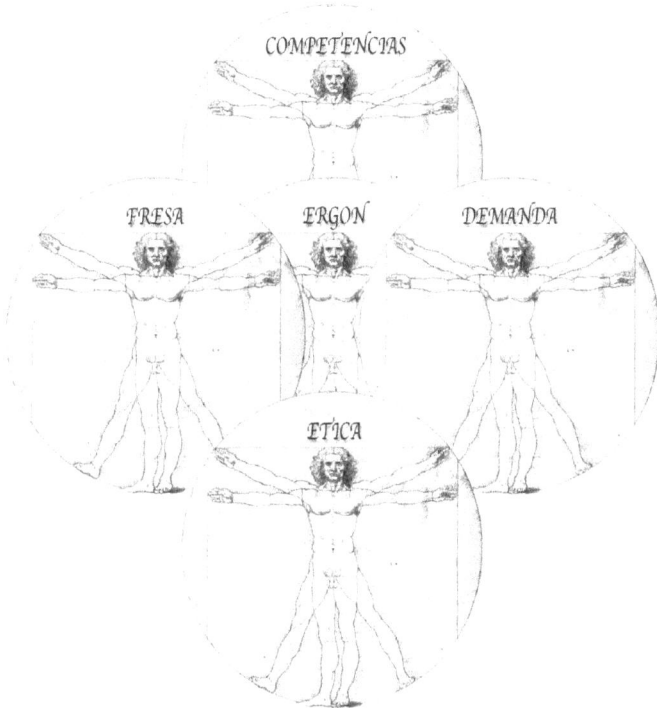

COMPETENCIAS

FRESA   ERGON   DEMANDA

ETICA

Capital Humano: Manual de Cambio

Potenciando el Capital Humano desde su ERGON

Por M.A. Ignacio Segovia

Copyright © 2016 Ignacio Segovia.
Capital Humano: Manual de Cambio
Potenciando el Capital Humano desde su
ERGON

Impreso y encuadernado en
Estados Unidos de América.
ISBN: 978-0-692-82158-9
Publisher: Segovia & Associates LLC
Primera Edición.
Diseño y Producción: Ignacio Segovia

Dedicado a mi padre, Alcides Segovia y
a mi padrino, José Limardo

Agradecimientos

Gracias a Yahveh y a Cristo por ergázetai (trabajar) en mi y permitirme ergázomai (trabajar) por la Gloria de su Reino.

Gracias al amor de mi vida, Nathalie Saenz de Miera por apoyarme en este camino, gracias por tu comprensión y paciencia con este complejo ser que te toco por marido, sin ti las cosas más grandes de mi vida no serían posible y creo que las pequeñas tampoco.

A mis padres Alcides Segovia y Dulce Roa por darme la vida, educarme y preocuparse por el desarrollo de mi fé en Dios, los demás y mi persona.

A mis hijos, Sabrina Alejandra Segovia y Samuel Ignacio Segovia, luz de mis ojos e inspiración por luchar por un mundo mejor, es para ustedes que escribo este libro, para lograr un mundo mejor para ustedes.

A Myrna Tabosky por la ayuda prestada en la edición del libro y a Reinaldo Boada por inspirarme a escribir este libro y dejar una huella en la búsqueda del Ergon.

A todos mis amigos y familiares que de una manera u otra me han apoyado directa o indirectamente el camino de mi vida, en especial me gustaría agradecer a los que apoyaron que lograra estudiar mi Maestría en Ergonomía, fuente de conocimiento para este libro. Erica Berset, Claudia Dominguez, Claudia Guglielmelli, Jesus Pascuzzo, Sophie Prunier-Poulmaire, Sergio Limardo y a mis compañeros de la maestría.

Contenido

Capítulo III
Ergon

Prólogo

"En una organización humana, cada persona de su equipo
es como un grano de arena, es a una duna en el desierto;
necesaria para crecer, moverse y trascender" RB

Hablar de un tema inquietante para todas las personas es sinónimo de conversación, intercambio de ideas, opiniones, críticas y sobre todo de mucho trabajo para colocarlo en términos agradables, sin sacrificar la esencia del mensaje, para las demás personas. Aquí tenemos una obra que nos invita a reflexionar sobre varios temas trascendentales de manera simultánea, con una ceñida visión de la ergonomía aplicada en la psicología y los recursos humanos.

¿Quién no quiere ser feliz?

La búsqueda de la felicidad es una necesidad que, para los humanos, nunca caduca, este hecho generalmente aceptado ha provocado que las sociedades, las tecnologías, las profesiones y los trabajos a realizar hayan cambiado, cambien y continúen cambiando como una de sus consecuencias directas.

Ignacio Segovia aborda esta pregunta esencial desde la óptica que relaciona la pasión y las funciones humanas para alcanzar la felicidad, por medio de un modelo que invita entre muchas cosas al autoconocimiento y al desarrollo personal, desde la conjugación de las competencias profesionales con los talentos personales plenamente identificados, así como el Ergon, la ética y del bienestar como uno de los ejes de la tan buscada felicidad.

Con diversos ángulos y matices se nos presenta este libro como un complemento e insumo de la visión talentista competencial que necesitamos hacer proliferar en las organizaciones actuales, así como el entendimiento del capital humano y su gestión como factores inherentes a la evolución y del cambio que perseguimos, con poca orientación, en las sociedades modernas.

Las ideas expresadas en las páginas a continuación han sido escritas por mi amigo, alumno de Kenpo-Karate y colega Talentista Ignacio Segovia, quien nos invita a reflexionar, a pensar y muy fundamentalmente a cambiar paradigmas personales. Una muestra de cómo podemos mejorar personalmente desde el autoconocimiento y la generación de cambios internos, para exteriorizarlos en el plano profesional y de forma más integral como padres, hermanos, esposos y amigos, en una sociedad cada vez más individualista.

Hermano, gracias por permitirme ser parte de tu proyecto. Con aprecio y admiración,
Reinaldo R. Boada Z.

Cómo Leer Este Libro

El libro que usted está a punto de leer lo invita a iniciar una revolución en el campo organizacional. No uso la palabra revolución a la ligera, como un cliché izquierdista del nuevo movimiento latinoamericano, todo el que me conoce sabe que tiendo a la centroderecha. Uso la palabra revolución con todo su sentido; primero este libro busca el cambio de paradigma en su persona y segundo el mismo busca un cambio en la estructura organizacional de las empresas, un traspaso de poder del departamento de Recursos Humanos a algo nuevo, al departamento de Capital Humano.

Este libro busca convencerlo de que existe la necesidad de crear un departamento paralelo al departamento de RRHH. Ese departamento paralelo se encargará de la eficacia y la eficiencia de la persona dentro de la organización.

Inicialmente, los departamentos de Recursos Humanos y Capital Humano deben trabajar en conjunto para alinear la eficacia y la eficiencia organización con la del individuo. Posteriormente el departamento de Recursos Humanos quedará encargado de la parte administrativa-política, en la cual actualmente se desempeña y el departamento de Capital Humano pasará a llamarse departamento de Ergonomía.

El departamento de Recursos Humanos y el departamento de Ergonomía reportarán al jefe del Capital Humano, siendo Recursos Humanos una entidad interna y el departamento de Ergonomía una unidad consultora.

Desde el inicio ya estoy tocando fibras delicadas, estoy batiendo su cerebro para cambiar sus ideas, esto no para de ser así durante todo el libro, por lo que le pido lo lea con una mente totalmente abierta, no trate de entender nada en la primera lectura, lea el libro en su totalidad sin parar y después profundice en una segunda lectura. Si tiene dudas márquelas y haga una nota en el borde del libro, los libros importantes son para ser rallados, para trabajarlos a profundidad y éste es uno de ellos.

No tenga miedo de leer el libro sin parar, el contenido del libro es menos de 150 páginas, es diseñado de esa manera ya que el 60% de las personas logran terminar los libros de menos de ese tamaño. Usted será capaz de terminar este libro en menos de una semana, después de esto tendrá tiempo para leerlo varias veces y entender sus detalles.

Introducción

¿Y tú quién eres?

Un día en casa de mi amigo Pepe, apareció Pedro con una chica desconocida para la familia de Pepe. Yo, ya conocía la relación entre ellos y tenía varios días incomodándolos, porque ellos insistían en que solo eran amigos y yo los molestaba para que dijeran que eran novios. Cuando la mamá de Pepe entró en la cocina y vio a la chica, preguntó: "¿Y tú quién eres?". Inmediatamente adopté la frase y el saludo común para con ella se convirtió en: "¿Y tú quién eres?"; luego de pocos meses después ella respondió: "La novia de Pedro".

Normalmente cuando nos preguntan qué o quiénes somos, nos identificamos con un puesto o profesión, "¿Y tú quién eres?" o "¿Tú que eres?" se responde con una profesión, con el nombre del cargo que estamos desempeñando, básicamente eso que llamamos trabajo. El principal objetivo de este libro es que esa identificación al trabajo sea cambiada por lo que denomino Ergon, tu pasión, tu función humana.

Pero Ignacio, "¿Y tú quién eres?"

Cuando me hacen esta pregunta buscando mi tipo de educación, respondo "tengo un grado en Psicología y una maestría en Ergonomía"; inmediatamente me responden asombrados ¿En Economía?, dada la poca conexión entre la Psicología y la Economía. Tratando de aclarar las dudas preparo mi modulación, acentuando la fuerza en la r, para decir en "Errrrr"-gonomía, NO Economía.

Lejos de aclarar las preguntas, la cosa se vuelve un poco más complicada, ¿Ergonomía?, ya entiendo, diseñas cosas, como sillas y mesas; tratando de ser un poco condescendiente, tal vez políticamente correcto, como dirían los canadienses, respondo, sí, eso es parte de la Ergonomía, pero la Ergonomía es una ciencia que estudia al ser humano desde la perspectiva Bio-Psico-Social; la biomecánica y el diseño, aunque son las partes más conocidas comercialmente de la Ergonomía, sólo representan una pequeña parte de la misma.

Normalmente, cuando llego a esta frase, ya he perdido al oyente, el cual se dispone a iniciar un tema en el cual se siente más cómodo o mejor informado, como el de la economía. Por lo cual, creo que es pertinente, por no decir más atractivo, el empezar a hablar sobre el *capital humano* desde la perspectiva económica y no "errrrr"-gonómica.

Este libro se estructura en tres capítulos. El capítulo uno, se dedica a la visión actual del capital humano. En él presento una visión económica del capital humano, una visión desde los Recursos Humanos y cierro con la relación entre el concepto de capital humano y la Ergonomía.

En el capítulo dos se presenta el cambio a una nueva era, la que se denomina en este libro la era de la felicidad, del bienestar. En el primer punto de este capítulo se habla del cambio, pasando a la importancia de los agentes de cambio y cerrando con un modelo para que usted pueda trabajar los procesos de cambio de los individuos y de su organización como una totalidad.

En el capítulo tres se entra al corazón de la metodología, la cual propone el invertir en el Ergon de la persona en su organización; por medio de esto, usted logrará llenar la necesidad del individuo y el de la organización logrando una relación ganar-ganar entre los dos factores, lo cual incrementará el capital humano de su organización.

En este capítulo se habla de la Ergonomía, la importancia de la confianza y cómo se conforma con las *competencias / talentos* y la *ètica* de la persona. En este capítulo también se presenta el balance entre las necesidades internas del sujeto y las necesidades de la organización a través del uso del modelo FRESA como fórmula de bienestar.

El libro culmina con una reorganización de los conceptos desde lo práctico a lo teórico, como una forma simple de aplicación en su organización, como camino para el desarrollo del capital humano.

Capítulo I
Capital Humano

I.1. Perspectiva Económica del Capital Humano

El concepto de Capital Humano nace de los teóricos de la economía. Antes de que el término Capital Humano fuera usado dentro de las ciencias sociales, los teóricos de la economía ya habían tocado temas relacionados. Por ejemplo, Adam Smith y Karl Marx hablaron sobre el tema sin usar la palabra Capital Humano en los términos que hoy conocemos.

¿El Capital Humano afecta la riqueza de las Naciones?

Adam Smith, dentro de su trabajo "An Inquiry into the Nature And Causes of the Wealth of Nations", específicamente en el libro segundo "Of the Nature, Accumulation, and Employment of Stock" publicado en 1776, se acercó al concepto de Capital Humano al hablar de las características del sujeto como un capital fijo; en sus palabras decía que este capital fijo eran:

"...las habilidades adquiridas y útiles de todos los habitantes o los miembros de la sociedad. La adquisición de estos talentos, mediante el mantenimiento del adquiriente durante su educación, estudio, o de aprendizaje..." "... siempre cuestan un gasto real, que es un capital fijo y se dio cuenta, por así decirlo, en su persona. Esos talentos, ya que hacen una parte de su fortuna, así hacen lo mismo que el de la sociedad a la que pertenece. La mejora de la destreza de un obrero puede ser considerado en la misma luz que una máquina o instrumento de comercio que facilita y abrevia el trabajo, y que, a pesar de que cuesta un cierto gasto, paga ese gasto con un beneficio."

¿El Capital Humano es de los productores o es de los individuos?

Karl Marx presentó una definición parecida a lo que llamamos Capital Humano, pero él lo llama "fuerza de trabajo". Marx introduce el concepto de fuerza de trabajo en el capítulo 6 del primer volumen de El Capital, de la siguiente manera:

"Por la fuerza de trabajo o la capacidad de trabajo se entiende la suma de las capacidades mentales y físicas existentes en un ser humano, que son aplicadas cada vez que se produce un valor de uso de cualquier tipo."

Por otro lado, el término "Capital Humano" aparece de cierta forma en el artículo de Marx en el New York Daily Tribune "La cuestión de la emancipación", en Enero de 1859, aunque el término se utiliza para describir a los seres humanos que actúan como un capital de los productores, en lugar de, en el moderno sentido de "capital de conocimiento" dotado con o adquirido por los seres humanos.

El término Capital Humano como "capital de conocimiento", aparentemente fue introducido por primera vez por Arthur Lewis en 1954 en el libro "Economic Development with Unlimited Supplies of Labour" y popularizado por los trabajos de Theodore Schultz y Gary Becker.

Schultz elaboró su concepto en el año 1981 de esta forma:

> "Considere todas las capacidades humanas, las innatas o adquiridas. Esos atributos... que son valiosos y pueden ser aumentados por la inversión apropiada serán Capital Humano... Al invertir en sí mismos, la gente puede ampliar las opciones disponibles para ellos."

A su vez, el libro llamado "Capital Humano", publicado en 1964 por Gary Becker, fue la referencia principal para el manejo de este tema. Una de las características más interesantes de Gary Becker, es que conecta las teorías económicas con conceptos sociológicos y psicológicos. Este economista recibió el Premio Nobel en 1992 por haber extendido el dominio de la microeconomía hacia la conducta humana y sus interacciones. El mismo definió el Capital Humano como:

> "el conjunto de las capacidades productivas que un individuo adquiere por acumulación de conocimientos generales o específicos y que puede ser acumulado y usarse; igualmente, plantea que el Capital Humano de

un individuo puede ser de tipo general o específico. En el campo de la creación de empresas, el Capital Humano general incluye las características del emprendedor que no están directamente relacionadas con su rol como fundador de empresa; y el Capital Humano específico incluye la experiencia del fundador en el área de actividad de la nueva empresa tanto de orden técnico como de gestión (Arribas & Vila, 2007)".[1]

Los trabajos de estos padres del Capital Humano han llevado a que el concepto se reconozca en diferentes ámbitos, llegando a ser pilar en las áreas de la economía; en 1998 se definió el Capital Humano en la Organización para el Comercio y el Desarrollo Económico de manera amplia "como la mezcla de aptitudes y habilidades innatas a las personas, así como la calificación y el aprendizaje que adquieren en la educación y la capacitación. (En ocasiones también se incluye la salud.)".[2]

La línea de Gary Beker y la OECD, consideran el Capital Humano, como:

"la acumulación de inversiones anteriores en educación, formación en el trabajo, salud y otros factores que permiten aumentar la productividad. Por lo que, debe tenerse en cuenta, todos los atributos humanos, no sólo a nivel de educación, sino también, el grado en el cual, una persona, es capaz de poner en acción productiva un

[1] Tomado de Morales, S., Pineda, U., Dorado, J. (Julio, 2014).
[2] Traducido de Keeley, B. (2007), pg.2.

4

amplio rango de habilidades y capacidades. Entendiendo por capacidad, la potencia para el desarrollo de los procesos mentales superiores (memoria, pensamiento y lenguaje); y habilidad entendida como la forma en que se operacionalizan..." "...los procesos mentales superiores, los cuales se manifiestan en las diferentes formas de conocimiento acumulados, que permiten a su poseedor, desarrollar eficazmente diversas actividades para lograr crecimiento de la productividad y mejoramiento económico; entendiendo por económico todas aquellas actividades que pueden crear ingresos o bienestar (Becker, 1983)"[3].

_____

[3] Tomado de Morales, S., Pineda, U., Dorado, J. (Julio, 2014)

I.2. Capital Humano desde la Perspectiva de RRHH

Desde los Recursos Humanos, la definición de Capital Humano no es muy clara; aunque la directriz dada por las ciencias económicas está estructurada, los teóricos y los practicantes de los Recursos Humanos asumen el concepto de Capital Humano como parte natural de la práctica de RECURSOS HUMANOS, sin la necesaria utilización de la etiqueta Capital Humano.

En muchos libros de Recursos Humanos se puede encontrar temas relacionados, como el Capital Intelectual, entrenamiento de personal, transferencia de conocimiento, entre otros, pero no específico a Capital Humano. Según mi criterio, esto ocurre, como resultado del intento de algunos teóricos de separar el concepto de Recurso Humano al de Capital Humano, al cual yo me sumo.

Aunque algunos de los conceptos, que se presentan a continuación, no nacen precisamente de los departamentos de Recursos Humanos, algunos vienen de teorías de Administración de Empresas o Gerencia, muy cercanos a esta área.

Para los Recursos Humanos, el concepto de Capital Humano tiene que ver con el valor añadido que aportan las personas para las organizaciones. J.L. Chatzkel en su libro "Human Capital: the rules of engagement are changing" expresa que el Capital Humano: "es el elemento diferenciador para las organizaciones y la base real para la ventaja competitiva" (2004).

La teoría del Capital Humano, según lo declarado por Ehrenberg y Smith (1997):

> "conceptualiza los trabajadores como la encarnación de un conjunto de habilidades que pueden ser 'rentadas' a los empleadores. El conocimiento y las habilidades que un trabajador posee (que provienen de la educación y la formación, incluida la formación que la experiencia aporta) generan un cierto acervo de capital productivo".

Según lo descrito por Scarborough y Elías (2002): "El concepto de Capital Humano se considera más útil como un concepto de puente, es decir, que define la relación entre las prácticas de Recursos Humanos y el rendimiento del negocio en términos de activos en lugar de los procesos de negocio".

Para Idalberto Chiavenato, uno de los autores más conocidos en América Latina en temas de Recursos Humanos, las palabras Capital Humano ganan cada día más importancia. La novena edición de su libro dedicado a la educación de Recursos Humanos, lleva el nombre Administración de Recursos Humanos, el Capital Humano de las Organizaciones.

Es importante entender que existe una gran diferencia entre lo que los libros de Recursos Humanos presentan y lo que está ocurriendo dentro de las organizaciones. Aunque el Capital Humano involucre una gran cantidad de variables, es conceptualizado para muchos que el Capital Humano se limita a lo que es definido como Capital Intelectual.

Para Edvinsson y Malone (1997), el Capital Intelectual se divide en: Capital Humano, Capital Estructural, Capital Clientela, Capital Organizacional, Capital Innovación, Capital Proceso.

Steward (1997), divide el Capital Intelectual en tres bloques: Capital Humano, Capital Estructural, Capital Cliente.

Euroforum (1998), presenta al Capital Intelectual:

"como el conjunto de Activos Intangibles de una organización que, pese a no estar reflejados en los estados contables tradicionales, en la actualidad genera valor o tiene potencial de generarlo en el futuro. Este se compone de: Capital Humano, Capital Estructural, Capital Relacional".

En el caso de Chiavenato[4] el criterio ha avanzado, para él:

"[e]n la Era de la Información, el capital financiero deja de ser el recurso más importante de una organización. Otros activos intangibles e invisibles toman rápidamente su lugar relegándolo a un plano secundario. Nos referimos al capital intelectual. El capital intelectual de la organización está constituido de activos intangibles como…" "…1. Capital Interno: comprende la estructura interna de la organización, conceptos, modelos y sistemas administrativos y de cómputo. La estructura interna y las personas constituyen lo que generalmente

---

[4] Chiavenato, 2007, pg. 37

conocemoscomo organización. Además, la cultura o el espíritu organizacional forman parte integral de esta estructura interna…"

"…2. Capital Externo: comprende la estructura externa de la organización, o sea, las relaciones con clientes y proveedores, así como marcas, marcas registradas, patentes y el prestigio de la empresa. El valor de estos activos está determinado por el grado de satisfacción con que la empresa soluciona los problemas de sus clientes…"

"…3. Capital Humano: es el capital de gente, de talentos y de competencias. La competencia de una persona es la capacidad de actuar en diversas situaciones para crear activos, tanto tangibles como intangibles…"

"…No es suficiente tener personas. Son necesarios una plataforma que sirva de base y un clima que impulse a las personas y utilice los talentos existentes. De este modo, el capital humano está constituido básicamente por los talentos y competencias de las personas. Su utilización plena requiere una estructura organizacional adecuada y una cultura democrática e impulsora."

Aunque para Chiavenato el Capital Intelectual básicamente se queda en el área del conocimiento, éste cierra con un detalle muy importante. El mismo especifica que el pleno aprovechamiento del Capital Humano requiere una estructura organizacional adecuada, no especifica en el cómo, pero sabe que sin la estructura adecuada este queda en el aire. Es en la creación de esta estructura organizacional adecuada para el Capital Humano donde la Ergonomía pasa a tener un papel muy importante.

I.3. El Capital Humano y La Ergonomía

Este segmento trata de ser muy sencillo, ya que el conocimiento general de la Ergonomía no favorece a la potencialidad de esta ciencia. Se inicia con la definición de Ergonomía, luego se toma las definiciones de Capital Humano en el enfoque económico y el de Recursos Humanos, se desglosan en sus componentes, para finalizar encajando esos componentes dentro de los conceptos de la Ergonomía.

Para todos aquellos que me han preguntado que hace un Psicólogo con una maestría en Ergonomía, en especial aquellos familiares que piensa que hago "Diseño de Interiores"; me gustaría iniciar con un pequeño párrafo del libro: "Teoría de las Relaciones Industriales" de un profesor de la Universidad Católica Andrés Bello de Venezuela, José Urquijo.

La Ergonomía (visión psico-biológica)

"Los orígenes de la Psicología industrial pueden remontarse hasta finales del siglo XIX, en la Universidad de Leipzig. Pero, se hacen sentir en forma más universal, a principios de siglo, con Hugo Münsterberg, un discípulo de Wilhem Wundt. Münsterberg, con ocasión de un viaje a la Universidad de Harvard, en los Estados Unidos, tuvo la oportunidad de conocer los avances realizados en este país por la corriente de la administración científica del trabajo, y trató de unir estas investigaciones con los métodos de la escuela de Leipzig. El resultado fue la publicación de su tratado Psychology and Industrial Efficiency, que ha llegado hacer un clásico en la materia..."

"Los orígenes de la Psicología industrial pueden remontarse hasta finales del siglo XIX, en la Universidad de Leipzig. Pero, se hacen sentir en forma más universal, a principios de siglo, con Hugo Münsterberg, un discípulo de Wilhem Wundt. Münsterberg, con ocasión de un viaje a la Universidad de Harvard, en los Estados Unidos, tuvo la oportunidad de conocer los avances realizados en este país por la corriente de la administración científica del trabajo, y trató de unir estas investigaciones con los métodos de la escuela de Leipzig. El resultado fue la publicación de su tratado Psychology and Industrial Efficiency, que ha llegado hacer un clásico en la materia..."

"...[i]nicialmente, el interés de los Psicólogos se centró en los problemas de la fatiga humana y en el trabajo, como consecuencia del esfuerzo físico realizado en las largas horas de actividad industrial o minera. La corriente dominante recibió el nombre de "Ergonomía", pues su principal preocupación consistía en la medición de los fenómenos observados. Destacan, en este sentido, los trabajos de Liebig, Rowntree y muchos otros. El aporte principal de estas observaciones fueron los test de aptitudes, etc., y la orientación vocacional." [5]

De esos inicios, la Ergonomía ha evolucionado en sus campos de aplicación. Actualmente la Asociación Internacional de Ergonomía (IEA), define La Ergonomía (Factores Humanos) como:

_____

[5] Urquijo, 2001, pg. 43

"la disciplina científica de que se encarga de entender de las interacciones entre los seres humanos y otros elementos de un sistema. Es la profesión que aplica teorías, principios, datos y métodos para crear modelos a fin de optimizar el bienestar humano y el rendimiento global del sistema...""...Los practicantes de la Ergonomía, los ergónomos, contribuyen al diseño y evaluación de las tareas, trabajos, productos, entornos y sistemas con el fin de hacerlos compatibles con las necesidades, capacidades y limitaciones de las personas."[6]

Una de las cosas más importantes, según mi opinión, que tiene la Ergonomía es una característica especial resaltada por el reconocido profesor de Ergonomía, Pierre Falzon, quien explica que la Ergonomía es la única disciplina científica que se enfoca en el balance entre las necesidades de la persona (seguridad, salud, confort, satisfacción, motivación, etc) y las necesidades de la organización (rendimiento, eficacia, productividad, calidad, durabilidad, etc).[7]

En la primera sección I.1. Perspectiva Económica del Capital Humano, se habló de entender al Capital Humano, como la acumulación de inversiones anteriores en educación, formación en el trabajo, salud y otros factores que permiten aumentar la productividad. Por lo que, deben tenerse en cuenta todos los atributos humanos, no sólo a nivel de educación, sino también el grado en el cual una persona es capaz de poner en acción productiva un amplio rango de habilidades y capacidades.

[6] Urquijo, 2001, pg. 43
[7] Traducido del website de la IEA www.iea.cc/whats/index.html

Por otro lado, en la sección I.2. Capital Humano desde la perspectiva de Recursos Humanos, presentamos a Chiavenato definiendo el Capital Humano como el capital de gente, talentos y competencias (habilidades. La competencia de una persona es la capacidad de actuar en diversas situaciones para crear activos, tanto tangibles como intangibles. No basta tener personas, se necesita una plataforma que sirva de base y un clima que impulse a esas personas a la aplicación de sus competencias y talentos. De ese modo, el Capital Humano consta sobretodo del talento y las competencias de las personas. Su pleno aprovechamiento requiere una estructura organizacional adecuada en una cultura democrática e impulsora.

Por lo tanto, el Capital Humano es el concepto económico, el término empresarial, gerencial, para entender que la inversión en los talentos, competencias y su pleno aprovechamiento, generan un alto retorno de la inversión para la organización; en algunos casos, se presentan modelos para medirlo, pero lo cierto es que no saben como manejar la variable denominada Capital Humano. Es allí donde la Ergonomía entra en juego, la Ergonomía es la ciencia que permite el desarrollo del Capital Humano.

En la actualidad, los cambios en los mercados y en las organizaciones ocurren a una velocidad muy alta; por esta razón, el Capital Humano, o la gerencia de Capital Humano debe apoyarse sobre la aplicación científica en la organización y no en disciplinas profesionales. En el pasado los científicos, dentro de las universidades se encargaban de generar el conocimiento y las universidades transferirían ese conocimiento a las disciplinas profesionales. En la actualidad, no hay tiempo para este proceso de transferencia del conocimiento, las empresas deben generar y aplicar nuevos conocimientos en su día a día y la única manera de hacer esto es tener científicos dentro de las organizaciones.

En mi visión, el Capital Humano, o el departamento de Capital Humano, debe basarse en la Ergonomía, para lograr que las personas usen sus talentos, competencias, personalidad y otros factores individuales en el logro de una acción productiva que beneficie a la organización.

Con base en la visión Bio-Psico-Social de la Ergonomía, la inversión en el Capital Humano debe considerar el desarrollo biológico, psicológico y social del individuo dentro de la organización; lo que impactará en el Capital Intelectual de la empresa.

Capítulo II

El Cambio a la Era de la Felicidad

En 1997, descubrí el libro que cambiaría mi vida, "Los Siete Hábitos de la Gente Altamente Efectiva" de Stephen Covey; en ese año estudiaba Ingeniería de Sistemas, en la Universidad Metropolitana en Caracas, Venezuela. Durante mi segundo año de carrera decidí estudiar una materia electiva sobre liderazgo y me di cuenta que los conceptos sociológicos y psicológicos manejados en este curso eran parte de mis talentos, por lo que decidí un cambio de carrera, el estudiar Psicología. En el 2004, culminé ésta cuando presenté el trabajo de tesis en el área del Desarrollo de Competencias y me gradué como Psicólogo especializado en el Área Organizacional.

Después de graduado, la situación no cambió, aunque tenía grandes capacidades para reclutar y seleccionar personal adecuado, mis estrategias para optimizar procesos en las empresas eran poco ortodoxas.

Por cosas del destino, en 2006 recibí una oferta para ir estudiar a Francia, mi idea inicial fue una maestría en Psicología Organizacional, pero al llegar a la entrevista de la maestría las cosas cambiaron un poco. La directora de la Maestría de Ergonomía en Nanterre, Sophie Prunier Poulmaire, me invitó a ser parte de la Maestría de Psicología Organizacional mención Ergonomía. En base a mi carta de motivación y a mis experiencias laborales ella percibió mis talentos para el área de la Ergonomía, de allí en adelante mi visión sobre los Recursos Humanos cambió totalmente, me di cuenta que la Ergonomía es el futuro indiscutible de los Recursos Humanos.

Al reencontrarme con mi esencia, con el estudio y la aplicación de la Ergonomía, decidí reencontrarme con los conocimientos que alguna vez me llevaron a estudiar Psicología, por lo que retomé nuevamente los libros del doctor Covey y con él los conocimientos de Peter Drucker, uno de los filósofos organizacionales más reconocido del siglo XX dijo:

> "En unos pocos cientos de años, cuando la historia de nuestro tiempo sea escrita desde una perspectiva a largo plazo, es probable que el evento más importante que los historiadores verán, no es la tecnología, no el Internet, no el comercio electrónico. Es un cambio sin precedentes en la condición del ser humano. Por primera vez literalmente - sustancial y rápida un número creciente de personas tienen opciones. Por primera vez , tendrán que gestionarse ellos mismos. Y la sociedad está totalmente no preparada para ello"[8]

En su libro, "El Octavo Hábito, de la Efectividad a la Grandeza", en el capítulo II, Stephen Covey explica esta frase de Peter Drucker, hablando sobre las cinco fases de la evolución organizacional. Este habla de cómo pasamos de una Era de Cazadores Recolectores, a la Era de Agricultura, después a una Era Industrial, llegando a nuestro sistema actual de la Era de la Información y del Trabajador del Conocimiento, con la proyección a la siguiente, la Era de Sabiduría.

---

[8] Traducido de Covey, 2004, pg.12

El principal punto que Covey explica en este capítulo, es la dificultad en el cambio de paradigma. Aunque explica que en cada una de las evoluciones de las eras económicas, el nuevo sistema podía producir muchos más resultados que los sistemas anteriores con menos recursos y esfuerzo; también explica que la resistencia al cambio es bastante alta. En base a esto, al inicio la mayoría de las personas se quedaban en los sistemas de eras anteriores, hasta el momento de concientizar que no podían competir con los nuevos sistemas; las personas no cambiaban, hasta el punto que al final los pocos que quedan, son forzados a cambiar sus paradigmas o a desaparecer. Covey enfatiza, que las personas que asumen los nuevos sistemas con mayor facilidad, producen mucho más que aquellos que tardan en hacer el cambio. Como ejemplo de esto cita a Nathan Myhrvold gerente de tecnología de Microsoft el cual dijo "los mejores desarrolladores de software son más productivos que el promedio no en un factor de 10X, o 100X, o ni siquiera 1000X, son mejores por 10.000X" [9]

Darren Hardy, Editor de "Success Magazine", insiste, en su curso Insane Productivity[10], que las personas que sepan cómo controlar las distracciones y usar la información adecuada para tomar decisiones estarán en el conjunto de las personas más exitosas del mundo. Las organizaciones exitosas de esta nueva era tendrán que asegurarse que sus miembros tienen claros sus objetivos, su misión, su visión, sus valores y sus sistemas de toma de decisiones. En el pasado esta función

---

[9] Traducido de Covey, 2004, pg.14.
[10] Hardy, D., 2015.

17

fue naturalmente asignada al departamento Recursos Humanos, lamentablemente este departamento ha demostrado poca capacidad para lograr este objetivo dentro de la Era Industrial, casi ninguna, en la Era de la Información y está muy lejos de lograr algo en la nueva era que estamos entrando.

Los departamentos de RECURSOS HUMANOS se quedaron en un modelo de premio y castigo externo; están lejos de empoderar al individuo para ser capaz de auto gestionarse. Los departamentos de Recursos Humanos de la Era Industrial gerencian de arriba hacia abajo a diferencia de la Ergonomía que impulsa un ciclo constante de arriba hacia abajo y de abajo hacia arriba.

Es claro que esta afirmación será rechazada por muchas personas, en especial por mis colegas de los Recursos Humanos. Y no hago esta afirmación en aras de traicionar a mi familia de los Recursos Humanos, todos venimos de la misma raíz, compartimos las mismas raíces teóricas, lamentablemente en la práctica el departamento de Recursos Humanos ha sido relegado a una función administrativa/política que sirve a los superiores de la empresa, la cual ha sido muy importante; pero evidentemente debe cambiar para enfrentar los nuevos retos.

Todas las ciencias que se dedican al mejoramiento del ámbito laboral vienen de la misma raíz, el profesor José Urquijo lo plasma en su libro Teoría de las Relaciones Industriales y muchos otros teóricos como él, también lo hacen. Pero lamentablemente, lo que es imposible de encontrar es un libro que plasme la realidad de los departamentos de Recursos Humanos en el día a día, en especial en la organización actual.

Canadá, un país de primer mundo, muy avanzado en las "Teorías Organizacionales", pero que en la práctica es uno de los países más retrasados en el desarrollo de la persona en la organización; tiene profesionales de avanzada en esta materia, por ejemplo, en el caso de la salud y la seguridad laboral.

El país desarrolló el concepto de "Internal Responsibility System" (Responsabilidad Interna, a partir de los trabajos de Dr. James Ham en 1975 y tiene uno de los mejores sistemas de regulación y entrenamiento del mundo; pero en la práctica se queda en una política de "Cover Your Ass" (cúbrete la espalda, por no traducirlo literal. Canadá tiene en la Universidad de McGill en Montreal al profesor Henry Mintzberg, experto en gerencia y sistemas organizacionales, pero la mayoría de las organizaciones en Canadá son organizaciones que siguen lideradas por Baby Boomers que gerencian con sistemas piramidales de la Era Industrial.

Es en realidad impactante encontrar en un país como Canadá, profesores de reclutamiento y selección que te dirán "todo currículo con foto va a la basura y todo currículo con errores ortográficos va a la basura"; pero cuando preguntas como reclutar a una modelo de comerciales sin foto, o que importancia tienen los errores ortográficos para contratar un carnicero o un conductor de camión, no saben responder, se les cae el argumento.

Es momento de preguntarse ¿Qué le pasó a los Recursos Humanos?, ¿Por qué el personal de las organizaciones lo llaman recursos inhumanos?, ¿Por qué grandes empresas castigan a sus directores encargándolos del departamento de Recursos Humanos?, ¿Por qué el departamento que recibe más recortes en momentos de crisis es el departamento de Recursos Humanos?, ¿Por qué los CEO de las grandes empresas aprenden más de su organización en un libro "Best Seller" o en un seminario de Tony Robbins o Darren Hardy que de su propio departamento de Recursos Humanos?; para mí la respuesta es muy simple y se las repito, el departamento de Recursos Humanos ha sido relegado a una función administrativa/política que sirve a los superiores de la empresa.

Para el entendimiento de las cosas, el ser humano en general, utiliza un sistema dicotómico, bueno-malo, arriba-abajo, corto-largo. Por muchos años la dicotomía libertad-esclavitud, ha sido usada para diferenciar aquellos que trabajan y los que no, los que controlan y lo que son controlados, los que tienen el dinero/poder y los que trabajan para alcanzarlo. En ese contínuo libertad-esclavitud, la civilización humana se encuentra cada día más cercana a lograr la libertad para todos los seres humanos, dentro de la visión aristotélica, esa libertad es el logro de la felicidad.

Estamos viviendo los mejores momentos en la historia de la humanidad; en los últimos 100 años los seres humanos han logrado vivir más, el consumo per cápita es mucho más alto, los niveles de pobreza han caído, las muertes producidas por las guerras han disminuido, las muertes por enfermedades más duras han disminuido, más personas tienen acceso a ser vacunadas, las personas tienen más comida, menos madres mueren al momento del parto, más niños llegan a los cinco años de edad, más niños tiene acceso a la educación primaria.

Es momento de que las organizaciones se muevan un poco más en el espectro libertad-esclavitud hacia el lado de la libertad. Esto puede sonar como un discurso revolucionario o panfleto político de un sindicato, pero en realidad no lo es (no se confundan, yo soy de los que creo que los sindicatos deben ser eliminados). El punto claro que quiero traer a su atención, el cual ha sido la bandera de muchos teóricos organizacionales por más de 30 años, además de ser el centro del "Laborem Exercens" escrito por el Papa Juan Pablo II en 1981, es que **viene un gran cambio en la empresas, porque las personas han cambiado.**

Si se coloca el departamento de Recursos Humanos, o la gerencia de Recursos Humanos como se llama actualmente, en ese espectro dicotómico; la expectativa de los empleados de una organización "post-industrial" es que la gerencia de Recursos Humanos debe dar soporte a los miembros de la organización desde una perspectiva más humana (libre, feliz), buscando el logro de los objetivos de la persona alineado a los objetivos de la organización. Y el punto no es que el departamento de Recursos Humanos se transforme en un sindicato, es tan solo pedirles que presten atención al ser humano.

Yo he tenido la oportunidad de conversar con sindicalistas de diferentes partes del mundo: Venezuela, Brasil, Colombia, Panamá, USA, Canadá, Francia, España, etc. Todos piensan lo mismo, si la gerencia de Recursos Humanos hiciera su trabajo, nosotros (los sindicatos) no existiríamos, no habría necesidad, no tendríamos miembros. Pero esa expectativa no se cumple, la gerencia de Recursos Humanos se quedó en la Era Industrial y no va a cambiar.

Una de las conceptualizaciones más nuevas, define a la gerencia de Recursos Humanos de la siguiente forma:

"La gerencia de personas en la organización. Los profesionales de los Recursos Humanos son responsables de asegurar que las organizaciones atraigan, retengan, y comprometan al talento requerido para alcanzar los compromisos operacionales y de ejecución adquiridos con los clientes y los accionistas. Su trabajo es asegurar que la organización encuentra y contrata a los mejores individuos disponibles, desarrolla y alimenta sus talentos, crea un ambiente de trabajo sostenible y productivo, y continuamente construye y monitorea estos bienes. Ellos tienen la principal res-ponsabilidad de gerenciar la fuerza de trabajo que maneja la actuación y el éxito de la organización" [11]

Muy bonito ¿verdad?, pero es importante leer esta definición de manera muy detallada, la prioridad se enfoca en "los compromisos operacionales y de ejecución adquiridos con los clientes y los accionistas", no en las personas, las personas son un bien que debe ser monitoreado. Aunque algunas personas no lo entiendan, para otros, como para mí, es totalmente claro que bajo este modelo las organizaciones no podrán lograr los retos de los nuevos tiempos. Mientras el departamento de Recursos Humanos sea relegado a una función administrativa/ política que sirve a los superiores de la empresa, la Ergonomía y los Recursos Humanos servirán funciones muy distintas.

El entender esta diferencia entre la Ergonomía y los Recursos Humanos es importante para proceder a entender como cada una de estas áreas se encuentran ubicadas en diferentes eras del desarrollo organizacional.

Si retomamos la idea del Dr. Covey, sobre las cinco diferentes eras económicas (cazador-recolector, la agricultura, la industrial, del trabajador del conocimiento y la de la sabiduría). Nos daremos cuenta de que la gerencia de Recursos Humanos se encuentra en una era

_____
[11] Dessler, 2008, pg.2

pasada, no es parte de la era actual. En consecuencia, la visión de un nuevo modelo como el Capital Humano, puede difícilmente ser recibido con los brazos abiertos por los miembros de los departamentos de Recursos Humanos.

Si nos ubicáramos en el puesto de cazadores o recolectores, a los cuales les sucede la repentina visita de un agricultor y este de forma casi mágica por medio de un nuevo sistema, la agricultura, nos insiste a nosotros los cazadores que podíamos tener mucha más comida. Incrédulos vemos como este agricultor cava huecos en la tierra, echa unas pepitas, tapa la tierra, vierte agua y espera para producir 50 veces más y con mucho menor esfuerzo que nosotros los mejores cazadores del pueblo. Pero para ser agricultores hay que aprender una nueva técnica y adquirir nuevas herramientas, por lo que la resistencia al cambio es bastante alta.

Con este ejercicio mental quiero explicar lo difícil que es cambiar a algo nuevo, por esta dificultad muy pocos cazadores aprendieron a cultivar y tuvieron muchos menos recursos que aquellos que sí cambiaron.

El cambio de la Era de la Agricultura a la Era Industrial fue mucho mayor, aquellos que decidieron continuar trabajando la agricultura tradicional por no aprender nuevas técnicas y usar nuevas herramientas desaparecieron rápidamente, ya que la agricultura de la Era

Industrial produce 1000 veces más que la agricultura tradicional. De esta manera podemos continuar la evolución hasta la actualidad, en la que el trabajador del conocimiento puede producir una gran cantidad de recursos que en la Era Industrial no era posible.

No hay que irse muy lejos, cualquier persona que haya nacido en los años 70 o los 80, puede recordar el uso de máquinas de escribir y tecnología que consumía mucho tiempo. Yo recuerdo a mi padre haciendo planes de negocios en esa vieja máquina de escribir con una calculadora que ocupaba gran parte de la mesa. Esos trabajos le tomaban varios meses, trabajos que hoy en día, con algunos macros en Excel y algunos links en Word o PowerPoint pueden tomar pocas horas.

Es acá donde se llega a un punto importante, si se analizan los sistemas organizacionales usados en cada una de las eras, es fácil entender lo ilógico de utilizar sistemas de algunas eras anteriores para la era actual, entonces, ¿Por qué hacerlo?.

Para poder entender esta gran necesidad, hay que conceptualizar cada una de las eras; al hacerlo se llega a un punto importante, se entiende que la metodología actual de los Recursos Humanos se encuentra dos eras atrás a la era del bienestar, a la era de la Ergonomía; por lo que es necesario migrar a la metodología del Capital Humano para en un futuro progresar a un modelo Ergonómico.

Por esta razón, deseo presentar una adaptación que hago de las eras de Covey, a su conceptualización yo le agrego una era previa a la Era de la Sabiduría, que es la Era de la Felicidad y Bienestar. Esta modificación la hago por dos motivos, el primero se basa en que la generación X y en especial la generación Y o Milenial, se centran en la felicidad y el bienestar para desarrollo de sus vidas. El segundo, es que tenemos el rápido crecimiento de la Psicología Positiva liderizada por Martín Seligman, la cual ha permitido operacionalizar de forma científica eso que por muchas generaciones llamamos la felicidad. El mencionado autor ha logrado puntualizar que a través del alcance del bienestar, el ser humano puede llegar a ser feliz, tanto de forma individual como en comunidad. Este movimiento de la Psicología Positiva combinado con la Ergonomía nos permite movilizarnos en las empresas desde la Era de la Información a la Era del Bienestar.

Definiciones de Trabajo / Eras

Cazadores & Recolectores	Agricultura	Industrial	Información	Felicidad & Bienestar	Sabiduría
• Enfermedades • Muerte • Constante movimiento para sobrevivir	• Arduo Trabajo: del latín tripaliare yugo de tres palos para torturar a los esclavos	• Recursos Humanos • Real gerencia del trabajo	• Intento teórico de Recursos Humanos 2.0 • Inicio Capital Humano • Revolución industrial 4.0	• Capital Humano • Ergonomía • Alineación de talentos	• Libertad • Felicidad • Poca cantidad de trabajo obligatorio

El aceptar que requerimos nuevos modelos para desarrollar el Capital Humano de las organizaciones no es cosa fácil, el movimiento de una era a la otra es un proceso de muchos años de trabajo y solamente se puede poner en acción entendiendo cómo las personas y las organizaciones piensan, sienten y viven sus procesos de cambio, es por esto que es pertinente entender y ejecutar el cambio.

Muchos podrían pensar que estoy exagerando con respecto a los Recursos Humanos y que este cambio no es requerido, que todo está muy bien, por lo que voy a citar una política que hoy en día se utiliza en una gran empresa transnacional. Para demostrar mi punto, acá un fragmento que es parte del manual que se le entrega al nuevo empleado de confianza (Ingeniero, Administrador, Abogado, Licenciado):

Evaluación de competencias

Los empleados son evaluados cada año en contra de las competencias básicas de la organización: Hacer que los clientes tengan más éxito; guiar la dirección; conducción de alto rendimiento; desarrollando a otros; y autodesarrollo. A través de este proceso, trabajamos con los mismos objetivos y se miden y se desarrollan de una manera consistente.

Este programa prevé la planificación anual de desempeño, entrenamiento y evaluaciones.

El programa prevé la evaluación y discusión de su realización periódica, así como mantiene la coherencia y la equidad en la administración de los salarios. La realización del trabajo es evaluado por su supervisor inmediato sobre la base de su descripción de trabajo, estableciendo previamente expectativas / objetivos, el rendimiento general resultados / logros y evaluación de la conducta de competencia. Las evaluaciones de desempeño generalmente se producen anualmente, sin embargo, revisiones informales pueden ocurrir con más frecuencia. La evaluación del desempeño es un tiempo para especificar las expectativas / objetivos a alcanzar y los indicadores clave de rendimiento que se medirán durante el próximo período de revisión para proporcionar un registro de su rendimiento y el progreso, y para evaluar su idoneidad para la continuación del empleo, la transferencia de trabajo y o promoción. Se espera que todos los empleados mantengan un nivel satisfactorio de rendimiento.

Si no está de acuerdo con su evaluación de desempeño se le anima a discutir la diferencia con su supervisor en un esfuerzo por alcanzar una solución mutuamente satisfactoria. Si no se llega a una resolución, usted puede presentar una declaración escrita de las diferencias de opinión. Esta declaración se mantendrá con su evaluación de desempeño en su archivo personal de empleado.

Le invito a hacer el ejercicio de buscar qué cosas son inadecuadas en esta política; al final del libro usaremos los nuevos conceptos para analizar qué cosas no se adaptan a la nueva visión y la construiremos nuevamente bajo los nuevos paradigmas que este libro presenta.

II.1. Lo Unico Constante es el Cambio

"En el mismo río entramos y no entramos,
pues somos y no somos". Heráclito

Heráclito de Efeso, conocido como el obscuro, y no por su piel morena, sino porque mantenía su distancia con la multitud, como lo hacían la mayoría de los filósofos antiguos. Este evitaba contacto con las masas ya que ellas carecían de entendimiento. Los historiadores dicen que esto ocurría debido a que los filósofos vivían la vida acorde a su filosofía, es decir, su actuar era basado en su saber, cosa que la gente común, no hacía.

En base a ésto, a este aislamiento, se podría pensar que los miembros de la cultura occidental somos grandes filósofos, ya que el logro máximo de nuestra sociedad ha sido el aislarnos los unos con los otros. Pero la realidad es que no, la forma en que estamos aislados es muy distante a la de los filósofos, nuestra forma de pensar, sentir y actuar se encuentra muy distante de estar alineada de la forma en que la sabiduría de los filósofos estaba. Ellos lograron que su pensar, sentir y actuar siempre estuvieran en la misma dirección, es decir estuvieran alineados.

Es en este punto donde converge la necesidad actual, acá es donde el sujeto occidental pide desesperadamente un cambio; para el nuevo hombre el pensar, el sentir y el actuar necesitan estar alineados. Los problemas de la sociedad actual no son producidos por la tecnología, el internet o la transformación digital; estas herramientas expanden los síntomas y signos de esa incapacidad de las personas de estar alineados.

La medicina actual reconoce que los síntomas son señales del organismo para advertir que algo está mal. Para algunas personas el consumo de medicamentos para callar al cuerpo es una práctica que se está dejando de lado, algunas personas están trabajando un punto de vista mucho más importante; se enfocan en escuchar al cuerpo y entender qué es lo que está pasando en la raíz de la enfermedad.

De la misma manera nuestro cuerpo nos avisa, nuestra mente también nos da claras señales de la necesidad de un cambio; un cambio que dé balance a lo que pensamos, sentimos y hacemos. No es para nadie un secreto que el cambio ya está aquí. Puede hablarse de forma esotérica, o de forma muy científica, lo que es inevitable es reconocer que el ser humano se encuentra en un gran momento de cambio. Pero es muy importante el reconocer que ese cambio viene desde un movimiento interno del ser humano y no desde una demanda externa como mucha gente piensa.

Las grandes corporaciones se encuentran actualmente en la carrera de la transformación digital, o la cuarta revolución industrial como algunos lo llaman. Estas reconocen que existe una nueva complejidad en el sistemaen el cual la ambigüedad, la volatilidad y la falta de certeza son los comunes denominadores. Frente a esta condición, las organizaciones requieren hacer un cambio para poderse adaptar y no desaparecer, en general estás organizaciones que están aprendiendo están cambiando rápidamente, pero están dejando de lado un factor muy importante, que es el Factor Humano.

La gran mayoría de los teóricos organizacionales tenemos años intentando que las organizaciones se enfoquen en su Capital Humano. En este momento están llegando al punto en que no pueden seguir ignorando este factor, pero lamentablemente el mensaje no ha sido entendido.

Los tecnócratas ven la necesidad del cambio humano para adaptarse a la transformación digital, sin entender que la necesidad del cambio debe ser enfocado en la transformación humana, en la necesidad humana, del sujeto a la comunidad y de la comunidad a la empresa. Es momento de entender que el cambio no viene de arriba hacia abajo, ni tampoco es de abajo hacia arriba; hemos llegado al punto donde los cambios son cíclicos, de arriba hacia abajo y de abajo hacia arriba, la organización debe velar por sus miembros y los miembros deben velar por su organización.

Modelo Tradicional

Nivel Político
Presidente - Director

Nivel Ejecutivo
Jefes de departamentos

Nivel Operativo
Ejecutores de las Tareas

Nuevo Modelo - El Cambio

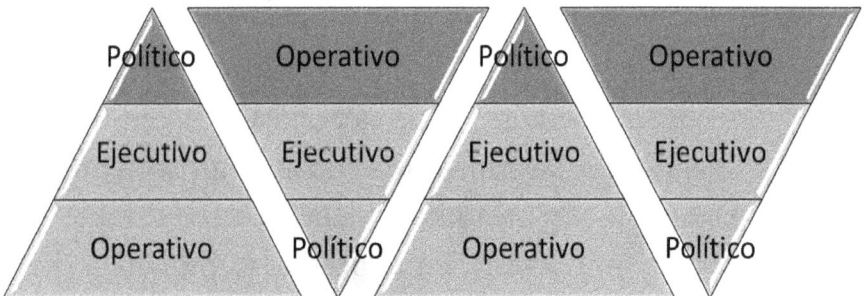

Político	Operativo	Político	Operativo
Ejecutivo	Ejecutivo	Ejecutivo	Ejecutivo
Operativo	Político	Operativo	Político

Pero no nos perdamos en la discusión de lo individual, lo social, o del opresor y el oprimido, antes de cerrar este capítulo e iniciar con el siguiente, enfoquémonos nuevamente en la idea expresada por Peter Drucker:

"En unos pocos cientos de años, cuando la historia de nuestro tiempo sea escrita desde una perspectiva a largo plazo, es probable que el evento más importante que los historiadores verán, no es la tecnología, no el Internet, no el comercio electrónico. Es un cambio sin precedentes en la condición del ser humano. Por primera vez - literalmente - sustancial y rápida **un número creciente de personas tienen opciones**. Por primera vez, **tendrán que gestionarse ellos mismos**. Y la sociedad está totalmente **no preparada** para ello".[12]

En esta frase existen dos factores muy importantes, uno de ellos es lo que llamo abundancia, las personas tienen y tendrán cada vez más la capacidad de escoger dentro de esta abundancia, lo cual cambia totalmente el juego desde la perspectiva económica, este punto es importante pero es sumamente largo como para discutirlo en este capítulo. El segundo factor es la realidad de que los sujetos tendrán que gestionarse ellos mismos, pero no saben cómo hacerlo, es en éste punto, donde los agentes de cambio venimos a ser parte esencial de la dirección o resultado final de los momentos de cambio en los que estamos actualmente.

---

[12] Drucker, P., traducido de Covey, 2004, pg.12. Negritas y subrayado fue modificado para resaltar factores en este libro.

II.2. Agentes de Cambio

"Qué interesante, tú eres Psicólogo...
Epa, no me leas la mente"

Es algo paradójico como la gente reacciona a la carrera del Psicólogo. "Oye, tú estudiaste Psicología, que interesante, yo siempre quise estudiar Psicología, creo que la gente necesita mucho de la ayuda de un Psicólogo". Mi pregunta siguiente siempre es, ¿Cómo se llama tu Psicólogo?, la respuesta: "No, yo no necesito de un Psicólogo, yo estoy bien".

En la historia se puede encontrar muchísimos casos que sustentan la importancia de una tercera persona, que nos ayude a tomar decisiones. Los reyes tenían a sus magos, la mafia a sus consiglieri, los pueblos a su chamán, los matrimonios a los padrinos y madrinas, los discípulos a su maestro. Pero a quien tenemos nosotros hoy en día que nos ayude y nos guíe, estamos mucho más aislados que en toda la historia de la humanidad. El fin del poder, como lo presenta Moisés Naím, es un síntoma de las revoluciones del más, la movilidad, y la mentalidad; pero éstas no sólo matan al poder, matan nuestra fe en Dios, en los demás y en nosotros mismos, lo cual, nos deja en una profunda soledad. Hoy más que nunca la necesidad de una tercera persona en nuestra vida es requerida, pero lamentablemente no sabemos a quién acudir.

Aunque Frederic Nietzsche profetizó la muerte de Dios a finales de 1800, dada la desconexión del ser humano con sus bases religiosas, no es sino hasta los años 60's que se genera un cambio psicológico y social, que impulsa un cambio total de las anclas de las personas y hace que el ser humano de cierta manera sea un barco sin rumbo. Actualmente, las anclas en nuestro mundo occidental son el miedo y el consumo, en cualquier momento podemos encender el televisor y entrar en un bombardeo alocado de miedo y consumo: muertes, terrorismo, cómprate un carro nuevo, secuestros, violaciones, cómprate una casa más grande, terremotos, cambios climáticos, guerras, viaja, Kardashian desnuda, Trump va a crear el muro.

La destrucción del paradigma mecanicista y el rechazo al positivismo lógico, liberó a la cultura posmodernista de la idea de que la existencia de una verdad objetiva podría ser determinada por un observador neutral. La globalización ha generado que el sujeto de hoy reciba diversas perspectivas en las interpretaciones de diferentes participantes, el relativismo, la física cuántica y el empoderamiento ilimitado al individuo ha permitido romper los límites de la capacidad humana en diferentes ámbitos. Esto que estoy mencionando y muchas otras variables han afectado los cambios en la sociedad humana.

Como ya fue mencionado, Moisés Naím (2013) lo condensa de una manera muy inteligente en tres factores que usa para explicar la degradación del poder. El dice que: "[e]l poder está degradándose debido a la gran cantidad de cambios que están ocurriendo en todos estos ámbitos. Para analizar esos cambios detalladamente y comprender lo que están suponiendo para el poder, los he sintetizado en tres grandes categorías que llamo «revoluciones»: la revolución del más, la revolución de la movilidad y la revolución de la mentalidad"[13].

Para mí, la revolución del más, significa una revolución de la abundancia, esta era "incluye los cambios que se están produciendo con respecto al aumento de todo: del número de habitantes al número de países que hay en el planeta, o el crecimiento acelerado de todos los indicadores que tienen que ver con la condición humana: esperanza de vida, nutrición, educación, ingresos, entre muchos otros. Hay más de todo"[13].

La revolución de la movilidad representa muchos factores sobre la capacidad que tiene el ser humano actualmente de vivir en un país unos años y mudarse a otro, Naím habla sobre el movimiento de trabajadores de bajo nivel educativo de una forma histórica en los Estados Unidos, pero se refiere a un fenómeno más importante en la actualidad, que es la llamada fuga o circulación de cerebros; este presenta que "Los países pobres suelen perder a muchos de sus ciudadanos cualificados y más preparados, que van a trabajar a los países ricos, con la expectativa de tener una vida mejor. Esta conocida «fuga de cerebros» priva a esos países de Médicos, Ingenieros, Científicos, Empresarios y otros profesionales a los que ha costado mucho dinero formar y como es natural, disminuye su Capital Humano".[14]

---

[13] Naím, M., 2013, pg. 89.
[14] Naím, M., 2013, pg. 100.

La última revolución que menciona Naím, es la revolución de la mentalidad, a la cual de cierta manera ya hicimos referencia, este dice que: "[s]e ha producido un profundo cambio de expectativas y criterios, no solo en las sociedades liberales, sino incluso en las más rígidas. La mayoría de la gente contempla el mundo, a sus vecinos, sus jefes, el clero, los políticos y los gobiernos, con ojos distintos a los de sus padres. Hasta cierto punto, siempre ha sido así. Pero el efecto de las revoluciones del más y de la movilidad ha sido una inmensa expansión del impacto cognitivo e incluso emocional del hecho de tener más acceso a los recursos y la capacidad de moverse, aprender, conectarse y comunicarse en un ámbito mayor y de forma más barata que nunca. Es inevitable que ese hecho agudice las diferencias generacionales de mentalidad y visión del mundo".[15]

Todos estos cambios y el continuo reforzamiento del ciclo consumo-miedo, está generando lo que algunos llaman "parálisis por análisis", las personas no saben cómo tomar decisiones. La constante demanda de tomar decisiones hace que la persona no decida y se paralice, una parálisis que sólo es reemplazada por la ejecución de una decisión que no está basada en sus requerimientos, sino son comúnmente ejecutadas, como resultado de la influencia de factores de miedo o consumo.

_____

[15] Naím, M., 2013, pg. 105.

Es en este fenómeno conductual, donde la responsabilidad (habilidad de responder, del ser humano ha pasado a ser un pilar fundamental, tan fundamental, que la falta de responsabilidad ha forzado al ser humano a ser un esclavo al miedo y al consumo.

Una de las personas que vivió el miedo de cerca y lo venció fue Viktor Frankl, éste sufrió dentro de varios campamentos de concentración nazi desde 1942 hasta 1945, y sobrevivió para crear la Logoterapia. Su teoría se resume en algo que siempre ha resonado en mi mente desde que lo leí en el libro de Stephen Covey: "[e]ntre el estímulo y la respuesta hay un espacio. En ese espacio se halla nuestro poder de elegir la respuesta. En nuestra respuesta se basa nuestro crecimiento y nuestra felicidad". [16]

Es en esta dinámica donde el agente de cambio se vuelve fundamental, la persona ha pasado de ser un observador a un participante, de ser pasivo a lo activo, de lo teórico a lo experiencial. Por lo que el individuo de hoy requiere que una tercera persona lo observe y lo evalúe, desde una perspectiva estática y anclada, para determinar si la dirección en la que se está movilizando el sujeto es la correcta, para ayudarlo en ese pequeño espacio entre el estímulo y la respuesta.

---

[16] Covey, S. (2004, pg.42

Muchas personas definen al agente de cambio como el iniciador del cambio, pero en realidad el agente de cambio es solo un facilitador, un facilitador que apoya al sujeto a moverse de un punto "A" a un punto "B". Durante ese cambio existen dos personas que se interrelacionan, el cliente y el agente de cambio. Dentro de esa relación el cambio puede beneficiar al cliente, al agente de cambio, o a los dos.

Según el profesor David Orlinsky[17] del departamento de Desarrollo Humano de la Universidad de Chicago, los agentes de cambio se clasifican según estas tres vertientes:

A. Constructivo - B. Comercial - C. Coercitivo

A. Si el agente de cambio trabaja para beneficiar al cliente, el agente de cambio es un agente constructivo o facilitativo;

B. en cambio, si el agente de cambio trabaja para beneficiar tanto al cliente como a él mismo, el agente de cambio se denomina como un agente comercial o experto;

C. si por el contrario, el agente de cambio trabaja solo para beneficio propio, éste es denominado un agente de cambio coercitivo o manipulativo.

---

[17] Las teorías de Orlinsky fueron traducidas y adaptadas de Rock, D. & Page, L. (2009)

Orlinsky profundiza en su tipología provisional en los agentes psicosociales del cambio de la siguiente manera:

El agente de cambio constructivo se caracteriza por estar comprometido al servicio de los intereses positivos y el bienestar del cliente, éste debe subordinar sus propios intereses a los intereses del cliente, protegiendo siempre los intereses legítimos de la comunidad profesional a la que él pertenece. Como ejemplo específico de estos agentes de cambio constructivos podemos mencionar los terapeutas, consejeros, coaches, trabajadores sociales, pastores o sacerdotes. La figura opuesta a esta serían los charlatanes.

El agente de cambio comercial se caracteriza por atender sus propios intereses sirviendo los intereses del cliente en forma conjunta, ajustándose a los procesos y demandas del mercado. Estos agentes de cambio deben operar dentro de los límites de la legalidad aplicada a su industria de servicio. Como ejemplo, éstos agentes de cambio los podemos encontrar en consultores de negocios, abogados, contadores, vendedores, etc. Las figuras opuestas a estos serían aquellos que ofrecen servicios/experticia en áreas grises, casi ilegales.

Por otra parte el agente de cambio coercitivo solo está comprometido a servir las necesidades e intereses de sí mismo o de la agencia que representa con respecto a la dirección de la persona que está cambiando. Este agente de cambio sólo responde a sí mismo o a su agencia y se encuentra limitado solo por las normas de la organización y de la comunidad que legitima sus actividades. Si el agente de cambio sale de estas limitaciones puede correr el riesgo de cargos criminales si son descubiertos. Dentro de estos agentes de cambio tenemos las agencias de mercadeo, negociadores políticos y comerciales, los consultores de estrategia, los propagandistas ideológicos, policía de seguridad e interrogadores militares. Las contra formas de estos agentes de cambio serían los extremistas ideológicos, políticos o religiosos, en su caso más conocido los terroristas.

Bajo las clasificaciones de Orlinsky, pareciera ser evidente en donde se encuentran los departamentos de Recursos Humanos en la actualidad. Lea nuevamente la definición y haga un ejercicio mental preguntándose:

A. ¿Los departamentos de Recursos Humanos trabajan por el individuo? (Constructivo)

B. ¿Los departamentos de Recursos Humanos trabajan por el beneficio del individuo y la organización? (Comercial)

C. ¿Los departamentos de Recursos Humanos trabajan por el beneficio propio y/o de la organización? (Coercitivo)

"La gerencia de personas en la organización. Los profesionales de los Recursos Humanos son responsables de asegurar que las organizaciones atraigan, retengan, y comprometan al talento requerido para alcanzar los compromisos operacionales y de ejecución adquiridos con los clientes y los accionistas. Su trabajo es asegurar que la organización encuentra y contrata a los mejores individuos disponibles, desarrolla y alimenta sus talentos, crea un ambiente de trabajo sostenible y productivo, y continuamente construye y monitorea estos bienes. Ellos tienen la principal responsabilidad de gerenciar la fuerza de trabajo que maneja la actuación y el éxito de la organización" [18]

Es claro que el departamento de Recursos Humanos trabaja para el beneficio propio y/o de la organización, en organizaciones altamente avanzadas en los nuevos modelos se podría hablar de un beneficio mutuo para el individuo y la organización, pero estamos muy lejos de lograr que algún segmento de la organización se dedique plenamente al individuo. Esta dedicación al individuo en la organización siempre ha sido asignada a los sindicatos, condición que últimamente tampoco se está cumpliendo, ya que los sindicatos se han convertido en una segunda organización y sus miembros sólo buscan el beneficio propio y/o de la organización que representan. Es decir, las organizaciones no cuentan con Agentes de Cambios constructivos que se de-

---

[18] Dessler, 2008, pg.2

diquen al trabajo por el individuo en la organización y, por tanto, realizar acciones que incrementen el Capital Humano de este individuo dentro de la organización.

Es en este punto, donde hacemos la clara diferenciación entre el departamento de Recursos Humanos y un departamento de Capital Humano compuesto por agentes de cambio constructivo, dedicados a la construcción del Ergon[19] en la persona, desde una motivación interior para realizar las actividades de trabajo; la cual beneficie al desarrollo personal del individuo y a lograr de forma exitosa los objetivos de la organización.

---

[19] Ergon = Función Humana, será ampliado en el Capitulo III.

II.3. La Fórmula del Cambio

Durante mis años de trabajo en el área de la Psicología Organizacional, me he topado varias veces con el tópico del cambio. Uno de los aspectos que ha quedado más claro en mi forma de enfocar los cambios dentro de las organizaciones, es que todos estos dependen netamente de los cambios en los sujetos que conforman esas organizaciones.

En este capítulo vamos a visualizar dos diferentes fórmulas presentadas para gerenciar el cambio, la primera de ellas comúnmente usada en el ámbito organizacional y la segunda más usada en el ámbito terapéutico.

La primera es denominada la fórmula del cambio, esta fue creada en los años 60s por David Gleicher y revisada por Kathie Dannemiller en los 80s. Esta fórmula $D \times V \times F > R$ nos presenta los siguientes factores:

R: Resistencia a que el cambio sea posible
D: Dissatisfaction (inglés) o Insatisfacción de la situación actual
V: Visión de lo que es posible a través del cambio
F: First (inglés) Primeros y concretos pasos que pueden ser tomados para llegar a la visión

Básicamente esta fórmula presenta que la insatisfacción, multiplicada por la visión de lo que es posible a través del cambio, multiplicado por los primeros pasos en concreto para llegar la visión; tienen que ser superiores a la resistencia a que el cambio ocurra.

En términos matemáticos si uno de los tres factores iniciales es cero, toda la fórmula generaría un valor cero; la insatisfacción, la visión y los primeros pasos tienen que existir. Pero no solamente ellos deben existir, deben generar una fuerza superior aquella que está evitando el cambio.

En el caso de la propuesta presentada por mí en este libro, se puede entender cada uno de los factores que buscan ese cambio y acompañarlo con un plan de cómo el cliente puede iniciar ese cambio desde una perspectiva tradicional de los Recursos Humanos a una nueva visión del Capital Humano.

Este libro ya ha presentado las razones del por qué los Recursos Humanos no pueden seguir sosteniendo o al menos liderizando el proceso de cambio que estamos viviendo actualmente. Si usted no logra visualizar la insatisfacción, el problema en el cual las organizaciones se encuentran actualmente, su valor será cero y, por lo tanto, la fórmula del cambio no podrá apoyarlo para generar ese cambio. Si esto es así, cierre el libro y no pierda más su tiempo. Pero si usted está comprometido con lograr algo mejor que lo que se tiene actualmente con los departamentos de Recursos Humanos, siga adelante, le daremos un plan para el cambio.

Ese plan ya se ha iniciado con la visión de lo que el Capital Humano puede significar para los retos actuales yfuturos que están sufriendo nuestras organizaciones. Esa visión fue denominada Capital Humano para conectar con el entendimiento que hemos usado a través de nuestra historia en la Era Industrial, pero en los capítulos que vendrán trabajaremos en profundidad los conceptos Psicológicos y Ergonómicos que deben ser conectados al Capital Humano para que el lector se dé cuenta de que estos primeros pasos son claros y concretos. En adelante, trataré de que la visión abstracta de los conceptos no opaque la claridad, que esos primeros pasos deben brindarle, para que usted comparta la posibilidad de generar ese cambio en usted y en la organización que usted forma parte.

El segundo modelo que deseo presentar es el denominado etapas o ciclo del cambio creado por Prochaska y DiClemente en 1983. Esta fórmula normalmente usada para adicciones de alcohol o drogas es aplicada también en diferentes procesos de cambio. El entender este modelo podrá ayudarlo a gerenciar el cambio interno, que como individuos debemos realizar para participar en el nuevo modelo de Capital Humano.

Todos estos estados se describen en un modelo por niveles, pero no necesariamente usted debe empezar desde el primer nivel; es decir usted puede estar ya avanzado dentro del ciclo del cambio, pero por razones explicativas iniciaremos desde el nivel 1.

El nivel inicial, es el nivel de pre-contemplación, en este punto el sujeto no sabe lo que no sabe; no se hace la conexión entre la conducta y los problemas. La persona sabe que existe un problema pero no sabe porque existe ese problema, no existe interés en el cambio y aunque se sienta cierta insatisfacción no se desea el cambio. En este periodo de pre-contemplación se encuentran la mayoría de los directores y presidentes de organizaciones, generalmente representados en la actualidad por los Baby Boomers en proceso de retiro, ellos saben que algo está mal pero no tienen la intención de solucionarlo.

El Segundo nivel es denominado contemplación, en este momento el sujeto se vuelve consciente de los problemas asociados con el comportamiento. Se realiza esa conexión entre la causa y el efecto, explora las posibilidades de realizar un cambio aunque exista falta de compromiso en generar ese cambio. En esta etapa se encuentran la mayoría de los miembros de la generación X. Estos profesionales crecieron dentro de los sistemas tecnológicos pero educados bajo los valores de los Baby Boomers. A esta generación le toca tomar el control de las organizaciones entre el 2015 y el 2025; los mismos se verán en la problemática de lidiar con el cambio cultural, entre los modelos usados por los Baby Boomer y la velocidad de creatividad e innovación de los Milenios.

La tercera etapa es la etapa de preparación, en esta etapa se acepta la responsabilidad de iniciar el cambio, se reconoce que la conducta del cambio debe ser incorporada.

En esta etapa se evalúan y se seleccionan cuáles conductas deben ser desarrolladas, se prepara un plan y se construye la confianza y el compromiso de ejecutar ese cambio. En esta etapa estamos las personas que crecimos al final de los "X" y al inicio de los "Milenios". La mayoría de nosotros hemos intentado iniciar un cambio en las organizaciones, pero el estado de pre-contemplación en el que se encuentran la mayoría de los líderes de las empresas no han permitido iniciar ese cambio.

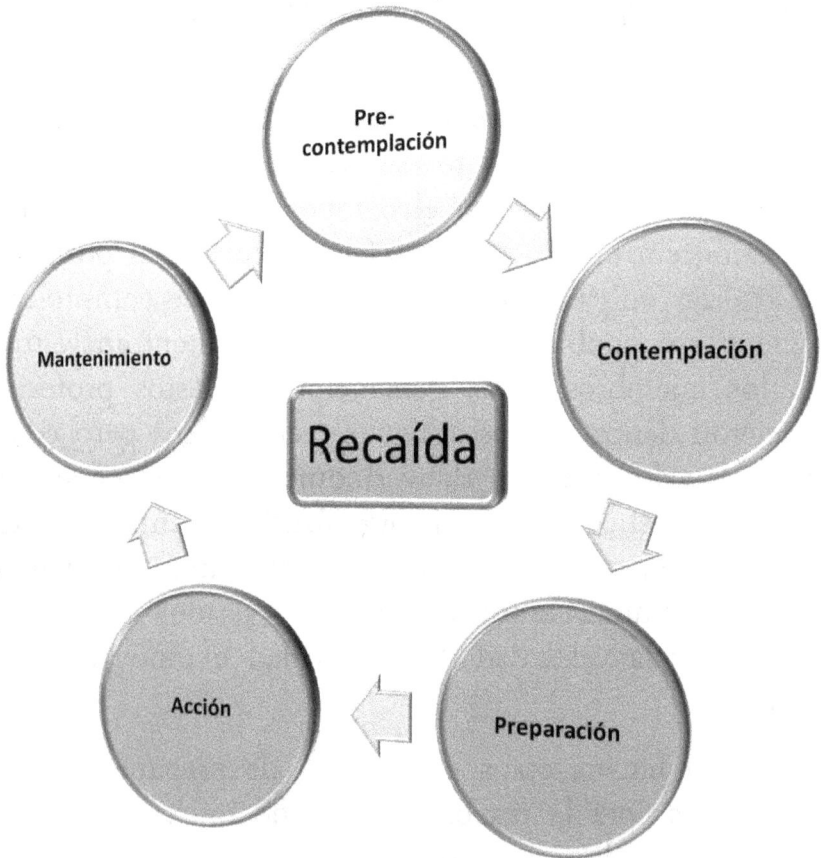

La etapa cuatro es denominada acción, en esta etapa la persona está comprometida a tener un comportamiento auto-dirigido, la persona desarrolla herramientas para lograr el cambio y conscientemente ejecuta las nuevas conductas. En esta etapa la persona supera toda tendencia de ejecutar la conducta no deseada, existe gran energía y entusiasmo. La mayoría de los milenios se encuentra en estado acción, aunque no tienen dirección y no saben en realidad como hacer el cambio. Se puede ver como su pasión inicia momentos de acción que sólo están siendo reprimidos por la presencia de los Baby Boomers, esta energía impulsará el cambio cuando la generación X reconozca que la generación Milenio está lista y debe ser guiada en este proceso de cambio.

La etapa cinco es denominada mantenimiento, en esta etapa, la persona ha logrado la habilidad de mantener su nuevo comportamiento sin ningún esfuerzo. La persona establece un deseo, establece la conexión con el nuevo comportamiento y desarrolla el autocontrol. La persona se vuelve consciente en situaciones de riesgo y se enfoca en prevenir situaciones que lo hagan recaer.

Es en este estado final, en el que la persona adopta una nueva imagen personal, un comportamiento y una actitud consistente con el deseo, es un nuevo estilo de vida. En este momento, la persona no reacciona a ninguna tentación, expresa confianza y disfruta su control personal, este estado normalmente es asociado con el bienestar.

Actualmente, es poco probable el encontrar personas que estén manteniendo el ciclo de cambio dentro de las organizaciones, lograr esto es parte de nuestra visión y de nuestros primeros pasos.

Existe un estado seis, aunque en realidad no se le coloca número porque puede estar presente en cualquier momento del ciclo, éste es la recaída. Cuando la persona inicia el proceso de cambio pero vuelve a un estado anterior, denominado recaída.

En los procesos organizacionales influenciados por el modelo mecanicista / industrializado, la recaída es igual al fracaso, la recaída es una pérdida y ésta es castigada. Bajo la nueva visión, la recaída es sólo una etapa en un proceso del aprendizaje, nos fortalece, nos ayuda a construir nuestra fuerza para retomar nuevamente nuestro proceso dentro del ciclo y lograr el cambio.

Capítulo III

Ergon

"Felicidad no es hacer lo que uno quiere sino querer lo que uno hace". Jean Paul Sartre

Aristóteles en su libro Etica a Nicómaco, hablaba de la felicidad como el logro del Hombre Virtuoso, la cual era alcanzada por el uso de su razón (Logos) y su función (Ergon) como ser humano. El término Ergon se ha traducido en el sentido de la función, tarea o trabajo. Sin embargo, si usted lee la Etica a Nicómaco de Aristóteles, las palabras "trabajo" o "labor", tal como los conocemos hoy en día, no tienen el mismo significado que el Ergon de Aristóteles.

La palabra trabajo o labor tiene una connotación muy negativa en el mundo actual. Si bien podemos gastar miles de páginas que explican la historia de negatividad psicológica de la palabra trabajo y sus sinónimos, vamos simplemente a explicar el término de acuerdo con las comprensiones populares en la actualidad. Para la gente, básicamente el trabajo es visto como "la condena que necesitas pagar, porque naces sin suficiente dinero para cubrir tus necesidades" (Propio). En los países desarrollados se ve el laborar como, la "cadena de esclavitud durante el período de su deuda al banco" (Propio).

El uso de Aristóteles de la palabra Ergon dista mucho de esta sombra que le da la palabra trabajo. Desde la perspectiva de Aristóteles, Ergon implica la Función Humana para alcanzar la Felicidad. Este es comparable con algunas definiciones de Dharma en la cultura budista, el propósito, raison d'être, el Ikigai (la felicidad de estar siempre ocupado) japonés, o el enfoque de la Logoterapia presentado por Viktor Frankl.

Es muy importante el tener claro la diferencia entre lo que Aristóteles entiende por Ergon, y lo que pensamos cuando hablamos de un trabajo. En nuestro enfoque, Ergon se centra en la búsqueda de la felicidad a través de un lugar dentro de la existencia, no en el centrarse en el trabajo para el alcance del dinero, lo cual es muy importante en la nueva era que estamos entrando.

Al fusionar este concepto con el concepto de tu "Voz" interior, presentado por Covey en el libro El Octavo Hábito, y mis ideas sobre Ergon y Capital Humano se obtiene la siguiente fórmula:

$$TC \times FRESA \times E = D$$

Cuando las características en la persona (TC x FRESA x E) logran llenar una demanda (D), la persona logra alcanzar la **virtuosidad en el Ergon**, o lo que llamaba Aristóteles el Hombre Virtuoso.

Siendo en esa fórmula:
TC: Talentos & Competencias
FRESA: Fluir /Relaciones /Emociones
Positivas /Sentido / Alcanzar
E: Etica
D: una Demanda que debe ser llenada

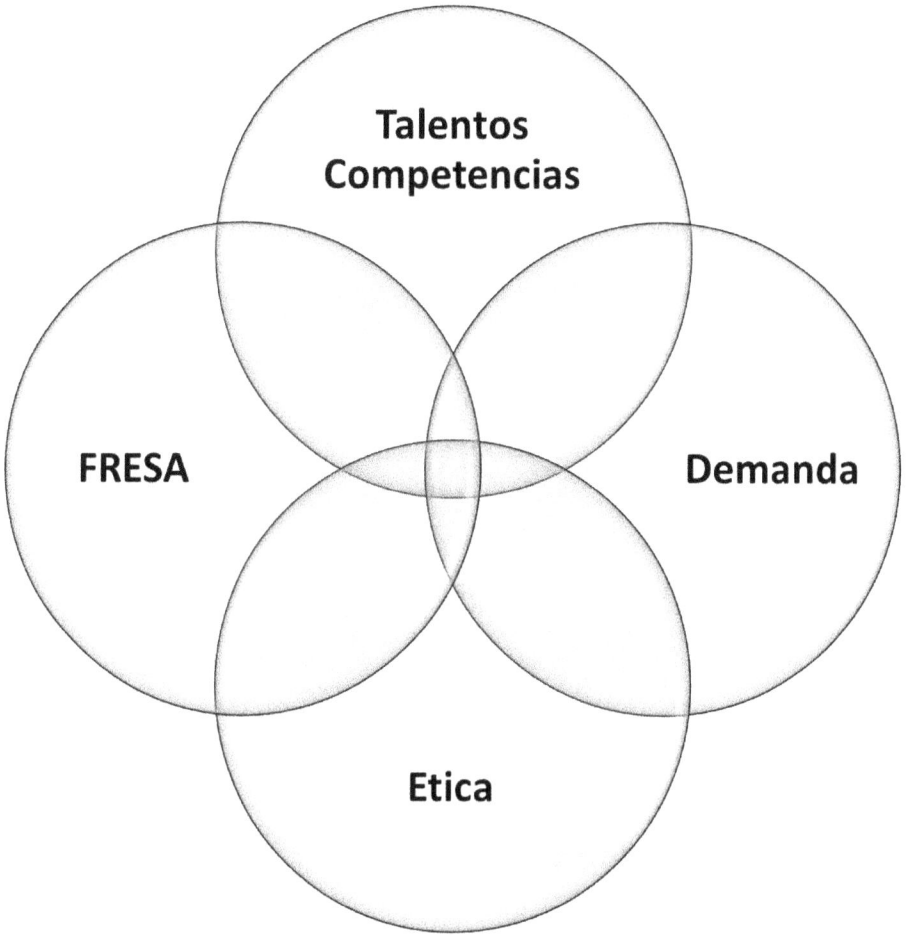

Estas cuatro áreas se combinan en un centro dando nacimiento al Ergon de la persona:

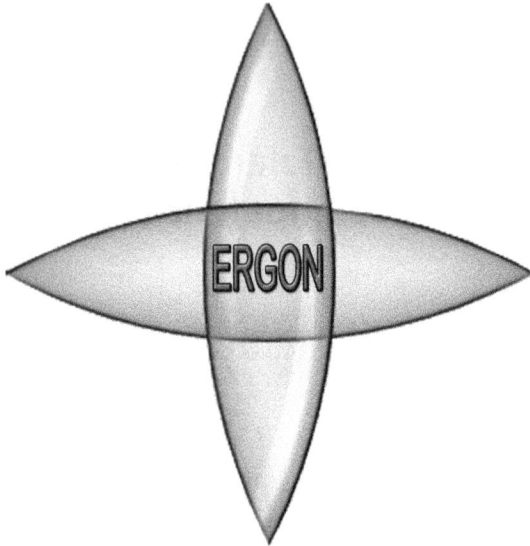

En las siguientes secciones profundizaré cada uno de los componentes necesarios para el desarrollo del Ergon, los cuales llevarán a sustentar el Capital Humano de su organización.

Los mismos se organizaran en tres secciones para entender su conformación:

1. Ergología: una pequeña introducción a la Ergonomía.

2. La Confianza: la combinación de la Etica o carácter y los Talentos & Competencias (Conjuntos Verticales).

3. La Necesidad: La necesidad personal o el bienestar, operacionalizado en la figura FRESA y la necesidad externa o Demanda (Conjuntos Horizontales).

III.1. La Ergología

"Elige un trabajo que te guste y no tendrás que trabajar ni un día de tu vida". Confucio

Ya nos encontramos en la parte central del libro, de aquí en adelante nos encontraremos en la explicación del modelo de Ergon, pero antes de entrar en materia, es importante entender como la Ergonomía es pilar fundamental en el desarrollo de la nueva forma de los Recursos Humanos.

La Ergonomía, como palabra derivada del griego se refiere al Ergon, trabajo o labor y nomos el cual se traduce como ley. Refiriéndose de esta manera a la Ergonomía como la ciencia del trabajo, aunque la etimología correcta para esto sería Ergología, ya que nomos se refiere a ley o reglas; la palabra logos se refiere a estudios, tratados, reflexión, pensamiento.

Por lo cual, la palabra correcta utilizar es la Ergología, tanto por la razón etimológica, como por la razón Aristotélica. El logos para Aristóteles era una pieza clave para la retórica, uno de los tres pilares con el ethos y el pathos. El logos era el dominio principal de la dialéctica donde se presenta el tema y mensaje, los cuales, en la época de Aristóteles, representaban los métodos deductivos y analógicos. Tiempo después se le sumaron al logos otros métodos, definiendo al logos como las formas de razonamiento.

Yo defino la Ergología como el estudio de la Función

Humana usando diferentes métodos de razonamiento. No sólo eso, expando la conceptualización Aristotélica, en la que hablaba de la felicidad como el logro del Hombre Virtuoso. Para esto, yo conceptualizo claramente el logro del Hombre Virtuoso del siglo XXI, su objetivo de vida, como el logro del bienestar[22] para él y quienes lo rodean con el uso de la Ergología, el uso de su función (Ergon como ser humano y el uso de su razón (Logos.

Pero por más que me gustaría ser el padre de la Ergología para la comunidad hispana, no tiene ningún sentido, ya que lo que tiene cierto reconocimiento público es la Ergonomía, aunque la gente piense que solo diseñamos cosas.

Para expandir un poco más la visión, más allá del simple diseño de teclados y sillas, me gustaría compartir las siguientes definiciones de los tres pilares fundamentales de la Ergonomía, traducidas del portal de La Asociación Internacional de Ergonomía (iea.cc):

Ergonomía Física: se ocupa de las características anatómicas, antropométricas, fisiológicas y biomecánicas del hombre en relación con la actividad física. (Temas relevantes incluyen posturas de trabajo, manejo de materiales, movimientos repetitivos, trastornos músculo esqueléticos relacionados con el trabajo, seguridad y salud del lugar de trabajo).

---

[22] La Psicología Positiva transfiere el uso de la palabra felicidad a la palabra bienestar, ya que el bienestar puede ser operacionalizado, por lo tanto, es científicamente alcanzable.

Ergonomía Cognitiva: se ocupa de los procesos mentales, tales como la percepción, la memoria, el razonamiento y la respuesta psicomotor, ya que afectan a las interacciones entre los seres humanos y otros elementos de un sistema. (Temas relevantes incluyen carga de trabajo mental, la toma de decisiones, el funcionamiento experto, la interacción humano-computadora, la fiabilidad humana, el estrés laboral y la formación de cómo éstos pueden estar relacionados con el diseño del sistema humano).

Ergonomía Organizacional: se refiere a la optimización de los sistemas socio-técnicos, incluyendo sus estructuras organizativas, políticas y procesos. (Temas relevantes incluyen la comunicación, la gestión de los miembros del equipo, el diseño del trabajo, el diseño de los tiempos de trabajo, trabajo en equipo, el diseño participativo, la Ergonomía de la comunidad, el trabajo cooperativo, nuevos paradigmas de trabajo, las organizaciones virtuales, el teletrabajo y gestión de la calidad).

Estos tres segmentos de la Ergonomía, pueden dar una mejor visión al lector, de cómo la ciencia ergonómica es el modelo ideal para sustentar los con-ceptos que a continuación serán presentados para guiar el desarrollo de una estructura de Capital Humano.

III.2. Confianza

"La confianza ha de darnos la paz. No basta la buena fe, es preciso mostrarla, porque los hombres siempre ven y pocas veces piensan".
Simón Bolívar

El modelo de la confianza se presenta como el resultado del carácter (Etica) y las muestra o ejecución competencias del sujeto para generar resultados basados en ese carácter. Lo que se convierte básicamente en la conexión de dos áreas de nuestro modelo:

Talentos
Competencias

Confianza

Etica

Competencias y Talentos

Existe algo mucho más escaso, fino y raro que el talento. Es el talento de reconocer a los talentosos.
Elbert Hubbard

En el paso de la historia se ha discutido muchas veces la cuestión de que el ser humano nace con cierta información pre-programada, es decir nace con conocimiento, o por el contrario, simplemente el ser humano nace totalmente vacío y aprende a través de sus experiencias.

La expresión "tabula raza" o tabla vacía, fue popularizada por el filósofo John Locke, el cual defendía que el ser humano nace sin ningún conocimiento y aprende a través de su experiencia. Este concepto de tabla vacía es básicamente el pilar del empirismo, teoría filosófica que enfatiza la importancia de la experiencia. Esta teoría se sustenta principalmente en la percepción sensorial para logro de la formación del conocimiento.

En el empirismo más extremo, todo lo que sabe-mos viene del proceso de sensación y percepción, "Nada hay en mi intelecto que no haya pasado por mis sentidos" así decía Aristóteles. Esta tendencia filosófica tiene su fuerza cultural dentro de las sociedades estable-cidas en el Reino Unido y su colonias, en la actualidad mejor reconocidas como sociedades anglosajonas o angloparlantes, las cuales liderizan la cultura Occidental.

Como tendencia contrapuesta tenemos el Innatismo,

en el cual se sugiere que el ser humano nace con conocimientos y estos vienen dados por la naturaleza. El innatismo más extremo plantea que todo conocimiento viene de forma natural, pero el más aceptado plantea que algunas ideas son innatas y acepta la posibilidad del proceso de aprendizaje por lo sentidos.

Uno de los modelos de Innatismo es el Racionalismo, el cual trata de buscar fuentes de conocimiento diferentes a aquellas obtenidas por la experiencia y se sustenta en la capacidad del ser humano de generar ideas dentro de sus procesos mentales. Esta tendencia filosófica tiene su fuerza cultural dentro de las sociedades establecidas en la Europa continental, las cuales tienen influencia de la cultura oriental, pero en menor grado desde el crecimiento del poder de las culturas anglosajonas.

Esta discusión en la forma de generar el conocimiento no es nada nueva, las estructuras de conocimiento del mundo occidental vienen del Método Socrático, principalmente en las vertientes de dos discípulos de Sócrates: Platón, el cual fue discípulo directo de Sócrates, y defendió la idea del Innatismo; y Aristóteles, discípulo de Platón, el cual defendió la idea del Empirismo.

Los talentos y las competencias vienen a concretizar la evolución de estas dos tendencias de conocimiento, los talentos dentro del Innatismo y las competencias en el Empirismo, principalmente en la forma en que las personas tienen la capacidad de aplicar sus conocimientos en la práctica dentro de la actividad del trabajo o Función Humana, en el Ergon.

Competencias

"Una persona competente y que confía en sí misma es incapaz de sentir celos en ningún terreno. Los celos son invariablemente un síntoma de inseguridad neurótica".
Robert Heinlein

Para el trabajo de grado de mi Licenciatura en Psicología de la Universidad Central de Venezuela, decidí hacer mi Tesis en el área de las Competencias Profesionales. Dentro del marco teórico acuñé los siguientes conceptos de competencias desde la perspectiva laboral, la perspectiva educativa y las organizaciones internacionales o lo que llamé conceptos integrados:

Algunas definiciones de competencia desde la perspectiva laboral [23]

Autor: Ducci
"la construcción social de aprendizajes significativos y útiles para el desempeño productivo en una situación real de trabajo que se obtiene no sólo a través de la instrucción, sino también – y en gran medida- mediante el aprendizaje por experiencia en situaciones concretas de trabajo (1997 c.p. Irigoin, 2002, p.44)".

Autor: AFNOR
"la operacionalización (mise en oeuvre), en situación profesional, de capacidades que permiten ejercer competentemente una función, una actividad (1998 c.p. Irigoin, 2002, p.45)".

---

[23] Fuente: Tabla número uno, Segovia, I., 2004, pg.22

Autor: Gallart y Jacinto

"un conjunto de propiedades en permanente modificación que deben ser sometidas a la prueba de la resolución de problemas concretos en situaciones de trabajo que entraña ciertos márgenes de incertidumbre y complejidad técnica (…) no provienen de la aplicación de un currículum (…) sino de un ejercicio de aplicación de conocimientos en circunstancias críticas. (…) la definición de las competencias, y más aún de los niveles de competencias para ocupaciones dadas se construyen en la práctica social y son una tarea conjunta entre empresas, trabajadores y educadores (1997 c.p. Irigoin, 2002, p.45)".

Autor: IHDC

"la competencia laboral es la habilidad para desempeñarse conforme a los estándares requeridos en el empleo, a través de un rango amplio de circunstancias y para responder a demandas cambiantes (1998 c.p. Irigoin, 2002, p.45)".

Autor: LeBoterf

"una construcción a partir de una combinación de recursos, conocimientos, saber hacer, cualidades o actitudes y recursos del ambiente (relaciones, documentos, informaciones y otros) que son movilizados para lograr un desempeño (1998 c.p. Irigoin, 2002, p.45)".

Algunas definiciones de competencia desde la perspectiva de la educación [24]

Autor: Pinto.

"La capacidad para actuar con eficiencia, eficacia y satisfacción sobre algún aspecto de la realidad personal, social, natural o simbólica.Cada competencia es así

---

[24] Fuente: Tabla número dos, Segovia, I., 2004, pg.23

entendida como la integración de tres tipos de saberes: conceptual (saber), procedimental (saber hacer) y actitudinal (ser). Son aprendizajes integradores que involucra la reflexión sobre el propio proceso de aprendizaje (meta cognición) (1999 c.p. Irigoin, 2002, p.45)".

Autor: Masterpasqua
"Características personales (conocimiento, habilidades y actitudes) que llevan a desempeños adaptativos en ambientes significativos (1991 c.p. Irigoin, 2002, p.45)".

Conceptos integrados de competencia [25]

Organización: Consejo de Normalización y Certificación de Competencia Laboral de México "Capacidad productiva de un individuo que se define y mide en términos de desempeño en un determinado contexto laboral, y no solamente de conocimientos, habilidades, destrezas y actitudes; estas son necesarias pero no suficientes por sí mismas para un desempeño efectivo (1997 c.p. Vargas, 2004)".

Organización: Autoridad Nacional de Cualificaciones (QCA) de Inglaterra "Define la competencia laboral en el marco de las cualificaciones vocacionales nacionales, las NVQ son cualificaciones basadas en competencias. Reflejan las habilidades y conocimientos necesarios para realizar un trabajo efectivamente, y demuestran que el candidato es competente en el área de trabajo que la NVQ representa (2004 c.p. Vargas, 2004)".

_____
[25] Fuente: Tabla número tres, Segovia, I., 2004, pg.24

Organización: Ministerio del Trabajo de Chile. "las competencias laborales consisten en la capacidad de un individuo para desempeñar una función productiva en diferentes contextos, de acuerdo a los requerimientos de calidad esperados por el sector productivo. A diferencia de los conocimientos las aptitudes prácticas, que pueden ser validados a través de los diplomas y títulos del sistema de educación técnica y profesional, las competencias requieren de un sistema especial de evaluación y certificación (2004 c.p. Vargas, 2004)".

Organización: Autoridad Nacional de formación de Australia. "Competencia es la capacidad para desempeñar tareas y obligaciones de acuerdo con el estándar esperado en el empleo (2004 c.p. Vargas, 2004)".

Organización: Ministerio de Educación de Brasil. "Capacidad de articular, movilizar y colocar en acción, valores, conocimientos y habilidades necesarias para el desempeño eficiente y eficaz de actividades requeridas por la naturaleza

del trabajo. La ley de directrices básicas de educación establece que una persona es competente cuando constituye, articula y moviliza valores, conocimientos y habilidades para la solución de problemas, no solo rutinarios, sino también inesperados, en su campo de actuación (1996 c.p. Vargas, 2004)".

Organización: Sistema Nacional de Cualificaciones y Formación Profesional de España. "La competencia profesional es el conjunto de conocimientos y capacidades que permiten el ejercicio de la actividad profesional, conforme a las exigencias de la producción y el empleo (2002 c.p. Vargas, 2004)".

Organización: Provincia de Quebec "una competencia es el conjunto de comportamientos socioafectivos y habilidades cognoscitivas, psicológicas, sensoriales y motoras que permiten llevar acabo adecuadamente un papel, una función, una actividad o una tarea (2004 c.p. Vargas, 2004)".

Organización: Consejo Federal de Cultura y Educación de Argentina "un conjunto identificable y evaluable de conocimientos, actitudes, valores y habilidades relacionados entre sí que permiten desempeños satisfactorios en situaciones reales de trabajo, según estándares utilizados en el área ocupacional (2004 c.p. Vargas, 2004)".

Durante mi investigación, aprendí que el concepto de competencia tiene ciertas características principales:
- La combinación de conocimientos, habilidades y actitudes.
- Se basa en la aplicación de capacidades diversas para actuar logrando un desempeño.
- El desempeño puede darse en diversos contextos, pero en cada uno de esos contextos la persona debe ser capaz de comprender que la actuación es exitosa.

Para mi tesis, tome la definición de competencia como "la combinación integrada de conocimientos, habilidades y actitudes que se pone en acción para un desempeño efectivo un contexto dado"[26].

[26] Segovia, I., 2004, pg.25.

Y para qué nos es útil conocer que es una competencia, para que usamos esto dentro del área organizacional. Aunque mucha gente no lo sepa, el modelo de competencias se presenta como el pilar fundamental del cambio dentro de la organización, el modelo de competencias fortalece desde la parte básica de la organización, la descripción de la actividad trabajo, y fortalece toda la organización para el cumplimiento de la visión y misión organizacional.

Todos los sistemas organizacionales se han transformado en un grupo de metodologías complicadas que no ayudan a la organización, estas, generan un mundo hiperburocrático donde se pierde el conocimiento fundamental de la razón existencial de la organización. Un modelo de competencias desde lo básico a lo general puede cambiar esto.

Si la actividad de trabajo, lo que hace el trabajador en el ambiente de trabajo, es definido desde una perspectiva de análisis de competencias, se permite que la persona a reclutar y seleccionar tenga las competencias más cercanas a las requeridas por el cargo, haciendo que aquellas competencias que no son cubiertas por el individuo sean cubiertas por un proceso de entrenamiento.

En la actualidad, las empresas no tienen descripciones de cargo, aquellas organizaciones que sí las poseen, tienen documentos generalizados que no especifican los requerimientos del individuo necesarios para el puesto.

Esta falta de claridad, en lo que la persona en su ambiente de trabajo hace, generan grandes problemas, que reducen la capacidad productiva del individuo, generando ansiedad y estrés en la persona y reduciendo la capacidad del departamento de Recursos Humanos en mejorar los procesos para que la mejor persona esté en la posición adecuada.

Los modelos de descripción de cargos por competencias son los modelos más efectivos, permiten que la persona de Recursos Humanos tenga claridad de que está buscando aunque no tenga conocimiento extenso de la profesión que está reclutando. Es muy común que la persona que recluta no es experta en el área el trabajo de la persona que está entrevistando, lo cual es frustrante para el entrevistador y el entrevistado ya que el lenguaje en que se están comunicando no es el mismo.

Este es uno de los problemas que se soluciona con la nueva estructura de talentos y competencias. La persona que se dedica al reclutamiento y la selección debe ser experta en la actividad del trabajo, debe dedicarse sólo a la comprensión de la actividad del trabajo y la selección del candidato adecuado para este.

El primer paso para lograr esto es la descripción de trabajo ejecutada actualmente, por lo que llamaremos sujeto 1 al que hace el trabajo, este proceso es escribir qué y cómo lo hace el sujeto 1 de manera exitosa. El experto debe observar la actividad trabajo y describir los resultados de cada actividad trabajo.

Posterior a eso se comparte con el sujeto 1 la percepción que tiene el observador experto de su función. Esto ayuda al sujeto 1 a reconocer sus debilidades y fortalezas, define necesidades de entrenamiento y asegura la transferencia del conocimiento; por lo que garantiza que el sujeto 2, la futura persona que ocupará el cargo, es reclutada, seleccionada y entrenada de forma efectiva.

Para apoyar esto se pueden usar dos modelos de competencia, el Análisis Funcional y el Análisis Conductual.

El modelo de competencia basado en el Análisis Funcional es una descripción de las actividades para cumplir una función y estas actividades se dividen en sub-funciones normalmente desarrollando un árbol de no más de tres niveles.

En el caso del modelo de competencias por Análisis Conductual, se realiza una evaluación de cuatro escenarios dos exitosos y dos no exitosos. El experto se encarga de analizar las conductas que llevaron a que estas acciones fueran exitosas o no exitosas. Se busca transformar en hábitos las conductas exitosas y eliminar de la práctica las no exitosas.

La descripción del puesto de trabajo y el análisis de competencia debe ser revisado al menos una vez al año; esto permite tener actualizada la descripción del puesto de trabajo y también permitirá que el experto reconozca la calidad del puesto de trabajo en relación con los sistemas de salud y seguridad que deben ser estipulados para dicho puesto.

Por supuesto, al tener una descripción de puestos de trabajo construidas en términos de competencia, facilitará el progreso instruccional para ampliar esas competencias en un futuro candidato, es decir, la estructura de entrenamiento del personal debe ser sostenida en base a las competencias necesitadas para el puesto de trabajo.

Talentos

Parábola de los Talentos

"Porque el reino de los cielos es como un hombre que yéndose lejos, llamó a sus siervos y les entregó sus bienes. A uno, dio cinco talentos, y a otro dos, y a otro uno, a cada uno conforme a su capacidad; y luego se fue lejos. Y el que había recibido cinco talentos fue y negoció con ellos, y ganó otros cinco talentos. Asimismo, el que había recibido dos, ganó también otros dos. Pero el que había recibido uno fue y cavó en la tierra, y escondió el dinero de su señor. Después de mucho tiempo vino el señor de aquellos siervos, y arregló cuentas con ellos. Y llegando el que había recibido cinco talentos, trajo otros cinco talentos, diciendo: Señor, cinco talentos me entregaste; aquí tienes, he ganado otros cinco talentos sobre ellos. Y su señor le dijo: Bien, buen siervo y fiel; sobre poco has sido fiel, sobre mucho te pondré; entra en el gozo de tu señor. Llegando también el que había recibido dos talentos, dijo: Señor, dos talentos me entregaste; aquí tienes, he ganado otros dos talentos sobre ellos. Su señor le dijo: Bien, buen siervo y fiel; sobre poco has sido fiel, sobre mucho te pondré; entra en el gozo de tu señor. Pero llegando también el que había recibido un talento, dijo: Señor, te conocía que eres hombre duro, que siegas donde no sembraste y recoges donde no esparciste; por lo cual tuve miedo, y fui y escondí tu talento en la tierra; aquí tienes lo que es tuyo. Respondiendo su señor, le dijo:

Siervo malo y negligente, sabías que siego donde no sembré, y que recojo donde no esparcí. Por tanto, debías haber dado mi dinero a los banqueros, y al venir yo, hubiera recibido lo que es mío con los intereses. Quitadle, pues, el talento, y dadlo al que tiene diez talentos. Porque al que tiene, le será dado, y tendrá más; y al que no tiene, aun lo que tiene le será quitado. Y al siervo inútil echadle en las tinieblas de afuera; allí será el lloro y el crujir de dientes." [27]

La conceptualización de la palabra talento a partir de esta parábola no es sólo importante desde la perspectiva de un creyente católico, hay que entender que la influencia judeocristiana en nuestra cultura occidental es bastante sólida. Esta parábola nos ayuda a entender la conceptualización cultural de que el talento es algo que se nos dio desde el más allá, dado por Dios o simplemente dado por la naturaleza desde una forma innata.

Esta característica, lo innato, es la pieza básica para la conceptualización de la palabra talento. Lo innato siempre suele aparecer en las definiciones más comunes del talento.

A continuación voy a hacer uso de las definiciones presentadas por mi amigo Reinaldo Boada en el libro "Identificando el Talento Humano"[28], en la página 2 y 3 de su libro podemos encontrar cinco definiciones de talentos de la siguiente manera:

---

[27] Mateo 25:14-30, Reina-Valera, 1960.
[28] Boada, R., 2015, pg. 2,3.

Dean Keith Simonton, 1999:

"Una capacidad innata que permite a un individuo un alto rendimiento excepcional en un dominio que requiera herramientas especiales y de entrenamiento"

Modelo Diferenciado de Dotación y Talento (MDDT). Françoys Gagné, 1995:

"**Dotación:** Designa la posesión y uso de capacidades naturales destacadas, llamadas aptitudes, en al menos un área o dominio de capacidad, en un grado que sitúa al individuo dentro del 10% superior entre sus pares de edad".

"**Talento:** Designa el dominio destacado de capacidades sistemáticamente desarrolladas, llamadas competencias (conocimientos y destrezas), en al menos un campo de la actividad humana, en un grado que sitúa al individuo dentro del 10% superior entre sus pares de edad que están o han estado activos en ese campo".

John F. Feldhusen:

"Los talentos emergen de la capacidad general como una confluencia de disposiciones genéticas, de experiencias escolares y familiares, Y de los intereses específicos y estilos de aprendizaje de los estudiantes".

Ed Parker, The Zen of Kenpo, 1988:

"Los talentos no son bendiciones otorgadas únicamente a una raza en particular, sino a todos los individuos. Se pueden encontrar las personas con talento, pero no se podrá contar cuáles talentos permanecen en el interior de cada persona".

David Ulrich:

"Talento= Sensibilidad+Captación x Compromiso"

No quisiera ahondar en el desarrollo del tópico de los talentos, ya que creo que Reinaldo Boada hace un buen trabajo en su libro, y creo que él y yo presentaremos trabajos sobre este tópico en el futuro, pero si es pertinente presentar mi definición de talento y de cómo puede ser operacionalizado.

Para mí, se le llama *talento*, la ejecución de una función principal o unidad de competencia de forma innata, única a ese individuo, que permiten la ejecución de una competencia por encima del 10% de la norma y en la que los elementos de la competencia son difíciles o imposibles de explicar ya que surgen del inconsciente.

Para esta definición uso el modelo de competencias basado en el *análisis funcional*. Para el análisis funcional, se presenta una lógica "deductiva así que avanza desagregando sucesivamente desde lo general hasta lo particular..."""...es un proceso experimental,ya que no existen procedimientos exactos para realizarlo; estos se van construyendo con los aportes de los participantes…""… el proceso se desarrolla con expertos de la actividad"[29]

Los expertos de la actividad deben presentar una sintaxis de la siguiente forma: verbo, objeto y condición. Esta sintaxis representará el propósito principal de la competencia, o simplemente la competencia. Por ejemplo: "Producir y Decorar una Torta de Zanahorias baja en calorías y libre de gluten".

Verbo: Producir y Decorar
Objeto: Torta de Zanahorias
Condición: baja en calorías y libre de gluten

Escojo este ejemplo en honor a mi amigo Rafael, que se ha propuesto cocinarle las tortas a su hija y a mi amiga Alexandra que se dedica a decorar tortas; es baja en calorías y libre de gluten solo porque está de moda.

Hace unos días, fuimos al cuarto mes de la hija Rafael, este se propuso hacer la torta de cumple-mes de su hija, la cual no fue totalmente un éxito, por no decir otra cosa. Pero lo importante es su dedicación como padre, él se ha propuesto mejorar y planea lograr preparar una buena torta para celebrar el primer año de vida de su hija. Por otro lado tenemos a mi amiga Alexandra, la cual tiene un talento admirable para la decoración de tortas.

En estos dos personajes pretendo dividir el propósito principal, en lo subsiguiente, que es la Función Clave, qué

_____
[29] Segovia, I., 2004, pg.43

en nuestro caso sería producir (Rafael) y decorar (Alexandra).

Aunque bajo la noción del Análisis Funcional, los dos deberían ser ejecutados por Alexandra, ya que ella puede ser definida como experta para producir y decorar una torta; bajo la percepción de la mayoría de las personas, la capacidad para decorar una torta es todo un talento, por lo que usaré a Rafael para explicar la posibilidad de desarrollar la competencia de producir una torta y a Alexandra como la talentosa decoradora.

En el caso de preparar, todos los factores existen para ser replicados del sistema que usa Alexandra; por lo que Rafael podrá aprender a preparar la torta para el primer año de su hija.

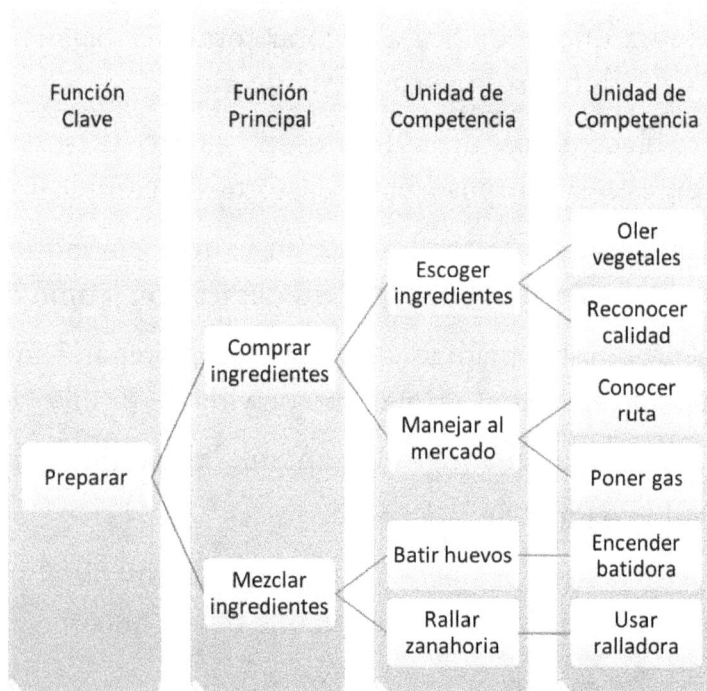

Función Clave	Función Principal	Unidad de Competencia	Unidad de Competencia
		Escoger ingredientes	Oler vegetales
			Reconocer calidad
	Comprar ingredientes	Manejar al mercado	Conocer ruta
Preparar			Poner gas
	Mezclar ingredientes	Batir huevos	Encender batidora
		Rallar zanahoria	Usar ralladora

En el caso de la decoración es diferente, ya que en el modelo de Alexandra, ella tiene un Talento para pintar que no puede ser replicado por Rafael, ya que se necesitan características inherentes a Alexandra, y ella no sabe cómo explicar o plasmar su ejecución en las capacidades de Rafael, no existen instrucciones adecuadas para que este replique la acción.

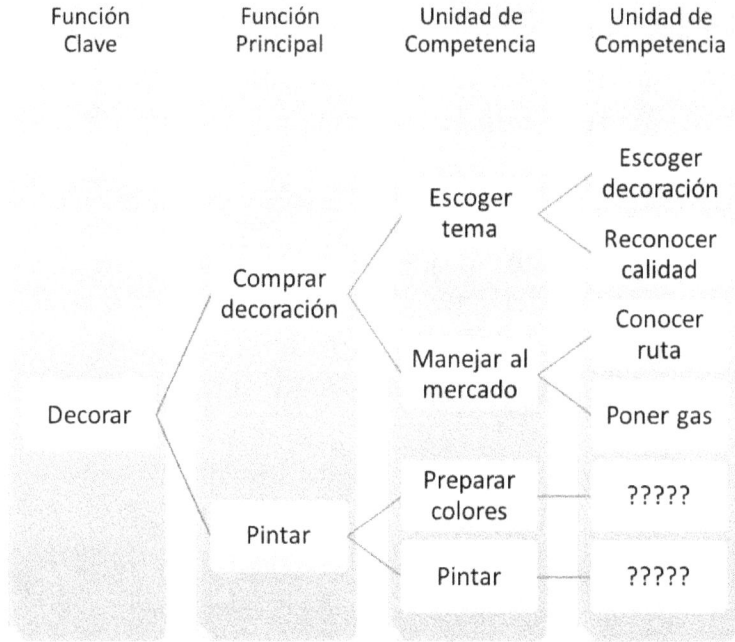

Función Clave	Función Principal	Unidad de Competencia	Unidad de Competencia
			Escoger decoración
		Escoger tema	Reconocer calidad
	Comprar decoración		Conocer ruta
Decorar		Manejar al mercado	Poner gas
		Preparar colores	?????
	Pintar	Pintar	?????

A partir de esta explicación puedo repetir la definición de talento como la ejecución de una función principal o unidad de competencia de forma innata, única a ese individuo, que permiten la ejecución de una competencia por encima del 10% de la norma y en la que los elementos de la competencia son difíciles o imposibles de explicar ya que surgen del inconsciente.

Este ejercicio en la descripción del puesto de trabajo bajo el Análisis Funcional debe realizarse desde una perspectiva biopsicosocial, por esto y otros factores, me parece que el profesional preparado para ejecutar esta función debe ser un Ergónomo. El departamento de Capital Humano debe tener un Ergónomo como encargado de definir los requerimientos para cada puesto de trabajo en la organización.

Bajo este modelo de talentos, se facilitará la conformación del puesto de trabajo por competencias y talentos, lo que al final permitirá la construcción de toda una organización que lo aproveche al máximo.

Etica

"Dichosísimo aquel que corriendo por entre los escollos de la guerra, de la política y de las desgracias públicas, preserva su honor intacto".
Simón Bolívar

La Etica, Una Palabra Que Recobra Valor

Es fácil encontrarse en el día a día casos en los que la falta de ética han generado problemas. Encienda la radio la televisión o simplemente abra el periódico y verá problemas individuales y corporativos en los que la falta de ética es la raíz del problema.

Yo crecí en una familia de corte tradicional, para los que la palabra ética, moral, buenas costumbres y educación, eran constantemente mencionadas y esperadas por cada uno de los miembros de la familia. Poco a poco fui creciendo, para darme cuenta que alguno de mis tíos o primos, para los cuales la ética o el carácter, era una palabra común en su léxico, pero no lo era tan común en sus acciones. Después me tocó lidiar con mi ciudad y mi país, para darme cuenta de que la ética sólo era una decoración y que las acciones distanciaban mucho de la insistencia, casi frenética, de todas las personas sobre la importancia de la ética. En este punto fue donde me di cuenta de que su insistencia en la búsqueda de la ética era justamente por su carencia.

Primero pensé que la falta de ética era algo de corte cultural, que era algo arraigado al venezolano. Después pensé que era una herencia hispánica, ya que es un patrón común el encontrar la falta de ética en los países de habla hispana. Después me di cuenta de que no, que el hispano tiene alguna forma casi bizarra de vivir la ética, ya que la considera importante, pero a la vez se enorgullece del éxito logrado cuando viola lo moralmente establecido.

Es curiosa la relación del hispano con la ética, pero claramente es más sincera que la del anglosajón que usa una especie de maquillaje para ejecutar la violación de la ética; generalmente el anglosajón usa argumentos que hacen creer al otro que son los héroes de la ética mientras la golpean. Es decir, el hispano se encuentra a la ética en un callejón, como la encuentra atractiva, la viola y va a contárselo a todo el mundo con gran orgullo, sin maquillaje.

Para el anglosajón o el resto de los occidentales en realidad, la acción es distinta, ellos encuentran a la bella ética en un callejón, la golpean salvajemente, la violan varias veces, invitan a sus amigos a violarla, pero es un secreto que no debe salir a la luz, si este secreto sale a la luz pública, la violación termina siendo culpa de la ética por ser tan seductora y entrar a un callejón en medio de la noche.

Lo que quiero decir, es que me di cuenta de que la falta de ética es un patrón común en la sociedad occidental actual. Por lo que abandoné la idea de que era algo cultural y me enfoque más en saber si es algo generacional, ya que de ser así me permitiría predecir si existirá un cambio del patrón actual con respecto a la ética.

Para esto, tomaré como punto de partida el tiempo de

la Gran Generación, para no hacer muy largo el análisis. Me parece que, la generación más cercana a nuestro tiempo, con altos valores éticos no sólo en el léxico sino a la acción, es la Gran Generación. Este grupo de personas vivió la depresión de los años 30 y fue la generación que le tocó luchar en la Segunda Guerra Mundial, en una frase sus acciones de lucha y de trabajo se fortalecían en la expresión "Hago lo que hago porque es lo correcto, lo que se debe hacer".

La Gran Generación le dio paso a los Baby Boomers, los cuales llegaron en un momento de gran abundancia. Esta generación vivió años dorados, se dieron el lujo de iniciar altos volúmenes de consumo, lo que les dio poder y flexibilidad para criticar los modelos tradicionales. Los Baby Boomers vivieron por muchos años bajo los modelos éticos de la Gran Generación, pero sus necesidades narcisistas y su desarrollo de carre-ra empezaron a romper esos modelos éticos. Algunos autores diferencian los Baby Boomers entre viejos y nuevos, básicamente dividiéndolos en la mitad su periodo, si se hace este ejercicio con la ética, se puede notar que los Baby Boomers más cercanos a la Gran Genera-ción, tienen una ética más rígida y aquellos cercanos a la generación X tienen una ética más relativa.

La Generación X, la cual es una generación muy pequeña, pero muy importante ya que se ocasionaron varios cambios de cultura; crece con conocimiento de la ética transferido casi mágicamente de la Gran Generación a ellos.

Conceptualmente la Generación X sabe lo que es la ética, pero no sabe cómo verla en la acción, en su infancia y adolescencia esta generación paso muchas horas fuera de la supervisión de los adultos, ya que los Baby Boomers se encontraban enfocados en sus necesidades y su carrera profesional, algunos historiadores hablan de que son la primera generación y la última sin crecer bajo la supervisión de los adultos. Esto les permite crearse una versión más natural o lógica de la ética, que les permite darse cuenta de cómo es manipulada por los Boomers. También es una generación que vive con menos recursos que la anterior, en general estos crecieron con palabras relacionadas a la depresión o crisis económica.

Es increíblemente interesante y complejo el entender esta relación de la ética de los Boomers y la Generación X, pero es algo a lo que hay que dedicar casi un libro solo a este fenómeno, por lo que no me voy a extender, pero cuando se entiende este fenómeno es fácilmente explicable el hecho de la destrucción ética de las organizaciones en los últimos años.

Para hacerlo más práctico, voy a a usar un ejemplo: los Boomers verbalmente pasaron un sentido de la ética y altruismo a la Generación X, estimulando a los X a ser socialmente responsables, colaborativos, profesionales, humanistas. Pero cuando a los X les tocó el tiempo de escoger una carrera profesional, todo se centraba en aquellas que le generarán más dinero a la familia, como Ingeniería, Derecho o Administración, para tal vez llegar a ser un gran banquero. Todas aquellas carreras relacionadas a los valores, ética o buenas costumbres como la Educación, el Sacerdocio, la Psicología o la Sociología, estaban totalmente vetadas para los X ya que los Boomers las consideraban inútiles para generar dinero.

Si uno le pregunta a un Boomer que es más importante la ética o el dinero, el Boomer siempre responderá la ética. Si le preguntas, que prefieres que tu hijo sea entre un Psicólogo[30] y un Banquero, siempre te dirá que un Banquero (¿Ven la contradicción?).

La Generación X ha crecido con esa dualidad, entre lo que es correcto y lo que parece correcto. Pero gracias a las nuevas tecnologías y sistemas de compartir información, se le hace mucho más evidente donde está la línea que no se debe cruzar para romper la ética. Los Boomers de cierta manera tuvieron la libertad de actuar sin ética en muchos aspectos de su vida y nunca fueron descubiertos.

En el caso de los Milenios la cosa parece estar más clara, la correlación entre el romper las normas éticas y las consecuencias negativas parecen estar más conectadas. Por más que deseen ser artistas de música o películas se dan cuenta como la industria manipula y destruye la vida de los que están en ella, se dan cuenta del calentamiento global y como sus acciones lo afectan.

---

[30] Es parte del currículo de estudio de la Psicología el aprendizaje y aplicación de la ética.

Los Milenios tienen más conciencia de la ética, aunque la mayoria de ellos no tengan la disiplina para vivir una vida guiada por la ética, todos ellos le exigirán a aquellos que hablen de ética con un alto compromiso.

Es por esto que me permito el predecir que las organizaciones que tengan a los Milenios como clientes o que su Capital Humano este formado por estos, tendrán como figura central una relación con el respeto de la ética.

La Etica y El Capital Humano

"La mente del hombre superior valora la honradez;
la mente del hombre inferior valora el beneficio".
Confucio

La ética es uno de los factores psico-sociales más importantes, ésta le permite a los seres humanos interrelacionarse, nos permite saber cómo debemos actuar con el otro y como el otro debe actuar hacia nosotros. Lamentablemente la ética ha sido desligada de la vida diaria de las personas, encasillándola a ser simplemente una filosofía y no una práctica; en este capítulo trataremos de retomar su lado práctico.

La ética nace con Aristóteles, pero se degrada con el tiempo hasta llegar al siglo XXI como libros gigantescos de normativas legales. La teoría aristotélica se centraba en las cualidades y acciones del agente, entendiendo por êthos el "Carácter" de la persona, por lo que la ética se entendía como un factor intrínseco de la persona.

Con el nacimiento del Kantianismo de Immanuel Kant y el Utilitarismo de John Stuart Mill, la cuestión de la ética se empezó a enfocar en lo correcto o lo incorrecto de la conducta de la persona, aunque personalmente creo que no fue la intención de estos autores, pero fue lo más adecuado para las estructuras de poder afianzadas por la ejecución del Derecho.

Poco a poco estas estructuras de poder transformaron la cuestión intrínseca del "Carácter" usando el Kantianismo y el Utilitarismo hasta transformar la ética en lo legal o ilegal de las acciones, cosa más propia de la estructura del Derecho que del "Carácter" de la persona.

Es aquí donde se centra la importancia de la ética en nuestros tiempos, la ética nos permite ser libres y al mismo tiempo nos permite vivir en comunidad; mientras que el derecho nos permite vivir en comunidad sin ser libres, situación que viola el principio natural del ser humano de sentirse libre.

El derecho, en especial la relatividad del derecho en la actualidad, ha destruido totalmente la ética y nos ha sumergido en la dictadura de las reglas; poco a poco el poder no solo cambió la ética, ha cambiado también al derecho, convirtiendo la regla de oro en una frase comercial que dicta que "El que tiene el oro hace la regla".

Las empresas no se han escapado de este proceso, las estructuras de poder político han perdido fuerza en los últimos años del siglo XX y los inicios del siglo XXI, dándole paso a un nuevo poder, el poder corporativo. Ya las organizaciones no se dedican simplemente a ofrecer productos y servicios, también se dedican al juego corporativo, al juego del poder, en el cual el que gana sobrevive y el que pierde desaparece.

Esta necesidad de sobrevivir y la relatividad del derecho han afectado como las organizaciones juegan el juego corporativo, hasta el punto de hacer desaparecer casi por completo la existencia de la ética.

Lamentablemente en la actualidad el juego corporativo es un juego que se juega para ganar y donde hay ganadores siempre hay perdedores, penosamente en los últimos tiempos el primer perdedor ha sido el empleado, en especial el de línea media, éste es el que sufre la mayoría de las consecuencias de las pérdidas en el juego corporativo, ya que el personal que se encuentra registrado en un sindicato tiene cierta protección y los líderes de la organización se protegen entre ellos.

Aunque se crea que en este juego el uso de los empleados de línea media como comodines para salvar a la organización no le hace daño a nadie, no es así, la realidad es que se incurre en un gravísimo error.

Con el pasar del tiempo, el profesional de línea media ha aprendido a creer mucho menos en las promesas realizadas por los líderes de la organización, lo cual impacta directamente en la productividad y la transmisión del conocimiento dentro de la organización.

La destrucción de la confianza del trabajador de línea media, en la actualidad repercute a la organización de una forma muy diferente al pasado; en la Era Industrial el empleado podía ser substituido de manera muy sencilla ya que su trabajo físico era fácil de remplazar, pero en la era de la información eso es muy diferente, las competencias y en especial los talentos de la persona no pueden ser remplazados fácilmente.

Las organizaciones tienen que entender que el empleado de línea media, se ha acostumbrado a perder sus trabajos, los cuales en la sociedad actual pueden ser el único sustento de la familia; esto ha llevado a que el empleado trate de protegerse en el Derecho, en búsqueda de la estabilidad laboral más que en la búsqueda de una carrera que lo lleve al liderazgo de la organización, lo cual no le permite desarrollar su Ergon. Es muy común que Capital Humano valioso de las organizaciones en la actualidad no dure más de dos o tres años en la misma organización, lo cual genera un gran problema por la pérdida del conocimiento que se lleva cada una de las personas que se muda a otra organización.

Aunque se supone que el juego está establecido, y todos seguimos las mismas reglas, en las organizaciones actuales es común encontrar que esas reglas cambian dependiendo del interés en los líderes de la organización, eso hace que las personas pierdan confianza en aquellas personas que se supone aseguraran su trabajo. Los líderes de la organización se apoyan en los Agentes de Cambio coercitivos (siendo sus representantes más destacados los miembros del departamento de Recursos Humanos) para entrenar al personal en diferentes tipos de metodologías y sistemas organizacionales, que se aplican como el relativismo del derecho a los miembros de la organización pero no a sus líderes. Es común ver las políticas de la empresa, la visión, la misión, los valores en todas las paredes de la empresa, pero no en las conductas de los líderes de las organizaciones.

Esta falta de ética, le ha hecho mucho daño a las organizaciones y a los individuos que trabajan en ella, es por ello que es necesario reestablecer el ecosistema Ético que permita a la organización construir un Capital Humano que se dedique a la organización de forma libre, al desarrollo de su carrera y por ende al desarrollo de la organización.

El modelo ético en las empresas es históricamente más visible en las culturas orientales que en las culturas occidentales. La cultura occidental se centra más en el Derecho, mientras que la cultura oriental se centra más en la Etica. En los últimos años se ha demostrado que el modelo ético de los orientales, no solo afecta en la calidad y la productividad de los empleados, también afecta su bienestar y por tanto, el bienestar de la organización.

El secreto de las organizaciones orientales no está en versiones normativas llamadas Kaizen, Six Sigma, 5S, entre otros. Se encuentra en los valores éticos de los miembros y en especial de los líderes de la organización, el liderar con el ejemplo y el balance de la ética de los miembros del equipo es lo que permite que todo fluya mejor.

¿Cómo desarrollar la Etica dentro de la organización?

Para poder trabajar la ética hay que definirla, en la ciencia todas las variables tiene que ser definidas para poder ser medibles y así de alguna manera predecir su ejecución.

Históricamente y culturalmente, la regla de oro o la ética de la reciprocidad fue la forma de delimitar el carácter de las personas. En diferentes culturas o religiones podemos encontrar esta regla expresada de diferentes maneras, pero básicamente la regla expresa que: Las personas deben tratar a los demás como quieren ser tratados. Por lo que es claro lo siguiente:

Persona Etica	Persona No Etica
Regla de oro: "Las personas deben tratar a los demás como quieren ser tratados".	Regla de oro: "El que tiene el oro hace la regla"
Su conciencia guía sus acciones.	Las reglas guían sus acciones. Pero si es posible usan el dinero o el poder para doblar o cambiar las reglas.

Es aquí donde todo se complica, hasta el momento, el hablar de la ética era fácil, todo el argumento que se presentó en este capítulo era entendible y podría ser apoyado en una organización para su desarrollo.

Pero la claridad evidente de la diferencia entre la ejecución de la ética y una ejecución fuera de esta, pareciera que nos deja sin herramientas para ejecutar la ética en cualquier actividad productiva. ¿Cómo podría un vendedor de seguros ofrecer productos que él no compraría?, ¿cómo podrían los políticos ganar elecciones sin prometer cosas que saben que no pueden cumplir?, ¿cómo podría un banquero como el presidente de Wells Fargo, John Stumpf, lograr que su organización gane millones de dólares sin abrir cuentas forzadas?

Cuando uno ve las empresas en la actualidad uno puede preguntarse: ¿En realidad la ética es tan importante o sólo es una falacia?. Nuevamente he descubierto la solución a esta pregunta en la misma raíz. Como es claro en todo el libro, éste tiene una gran influencia Aristotélica, Agustiniana y como a mí me gusta llamarlo Coveiana en honor al Dr. Stephen Covey. En este caso, la respuesta a la pregunta de si la ética es importante para las organizaciones es presentada por su hijo Stephen M. R. Covey en el libro The Speed of Trust: The One Thing that Changes Everything.

La Confianza: Etica + Competencias

A continuación se hace una adaptación del libro a los motivos de presentar herramientas para el desarrollo de nuestro modelo, se eliminaron las citas ya que se hace pesado para el lector, pero recomendamos la lectura del libro "The Speed of Trust" para una comprensión profunda de este tópico.

En este libro se explica, que la confianza de los otros nos impacta todo el tiempo. La confianza es la base y afecta a la calidad de todas las relaciones personales o de negocios, es un factor vital en la comunicación y el trabajo en equipo.

El autor no solo presenta la confianza como un factor importante, también lo presenta como un factor medible que afecta la velocidad de producción y los costos. Para esto se presenta la fórmula:

Reducción de Confianza = Reducción de Velocidad e Incremento de Costos

Aumento de Confianza = Aumento de Velocidad y Reducción de Costos

Digamos que usted tiene confianza en mi carácter y en mis competencias en el área organizacional, si eso ocurre, su confianza en este programa le permitirá reducir los costos relacionados con su Capital Humano, inmediatamente después de la aplicación de los conceptos presentados en este libro. Es decir:

⬆Carácter X ⬆Competencias = ⬆Confianza = ⬆Velocidad ⬇Costos

Si usted conoce mi carácter, porque es un familiar o un amigo pero no conoce mis competencias en el área organizacional usted tendrá que verificar los libros en los que yo baso mi modelo para confirmar si lo que yo estoy presentando tiene sustento teórico o no. Esto le costará tiempo y dinero, ya que tiene que dedicar dinero para comprar los libros y tiempo para leerlos. Por lo tanto:

⬆Carácter X ⬇Competencias =⬇Confianza =⬇Velocidad ⬆Costos

Si usted desconoce por completo mi trayectoria personal, es decir desconoce totalmente mi carácter y mis competencias, usted podría dejar de leer mi libro y colocarlo en una esquina con otros libros de Recursos Humanos, lo cual no le solucionaría el evidente problema que tienen los Recursos Humanos de su organización, lo que le costaría tiempo y dinero.

⬇Carácter X ⬇Competencias =⬇Confianza =⬇Velocidad ⬆Costos

Es posible tener la duda, muchas personas piensan que el riesgo de poner la confianza en alguien que no responda a la confianza invertida, puede costar mucho más caro que el proceso de verificar correctamente si el carácter o las competencias de la persona son las adecuadas para la tarea, lo cual es natural, pero no es real. M. R. Covey demuestra con sus experiencias y las experiencias de grandes hombres de negocios que el tener confianza en el otro, siempre cuesta mucho menos que todos los procesos burocráticos que se encuentran establecidos en las organizaciones del modelo industrial.

A este respecto, no se debe entender que no exista una estrategia adecuada para el proceso de tomar decisiones y que se debe confiar ciegamente en el otro, se trata de entender que la confianza es un factor que afecta la forma en que los resultados se presentan. Es decir, la confianza debe ser incluida en la fórmula:

(Estrategia x Ejecución) = Resultados

Adaptándose a:

(Estrategia x Ejecución) x Confianza = Resultados

Lo cual define claramente que la estrategia debe ser la adecuada, ya que la confianza nunca compensará una mala estrategia, pero si la estrategia es la adecuada, la falta de confianza siempre reducirá los resultados aunque la estrategia sea la más adecuada.

La confianza en la persona no solamente fortalece el carácter. Como todos los factores presentados en este libro, la confianza estimula a la persona desde el interior al exterior, se convierte en una motivación interna que impulsa al sujeto. El establecer la ética con el uso de normas, destruyen la energía interna del sujeto, las normas desde el exterior limitan la energía interna del sujeto, el cual requiere también de motivaciones externas como el dinero, para compensar la forma en que las normas opacan las funciones naturales que estimulan la pasión, la creatividad, la innovación, etc.

Las Cinco Olas de la Confianza

Yo creo que la confianza, o en específico, la ética; puede ser desarrollada a través de la práctica de las artes marciales. Sería perfecta la posibilidad de seleccionar un buen maestro para que entrene a todas las personas de la organización, esto mejoraría la estructura física y mental de todos sus miembros, impactando directamente en la estructura ética de la persona. Esta afirmación es difícil entender si nunca se ha practicado un arte marcial, por lo que creo más sencillo y claramente más aplicable a las organizaciones, el uso de las cinco olas de la confianza, presentado en el libro "The Speed of Trust"; acá les presento una adaptación del modelo.

Este modelo se deriva de la metáfora del "Ripple Effect", lo que se traduce al español como "efecto dominó", pero en inglés es mejor interpretado como un efecto de onda cuando una piedra golpea el agua. Básicamente esta explicación nos presenta a nosotros, al sujeto como la roca en el medio que inicia las demás olas, a partir de nosotros se crea un efecto desde la persona hacia la sociedad misma en la cual se encuentran cinco olas principales:

1. La Confianza en Nosotros Mismos
2. Relaciones Basadas en Confianza
3. Confianza Organizacional
4. Confianza del Mercado
5. Confianza Social

1. *La Confianza en Nosotros Mismos*

Debemos buscar ser para nosotros mismos y para otros una persona de confianza; el principio clave de este punto es ganar credibilidad. Entendiendo que la credibilidad se basa en la formación de 4 principios:

a) La integridad, la cual está compuesta por:

- · Honestidad: decir la verdad y dejar la impresión correcta cuando se habla.
- · Congruencia: que no exista una diferencia entre la conducta y la intención.
- · Humildad: prestar más atención a lo que es correcto que a estar en lo correcto o tener la razón.
- · Coraje: hacer lo que es correcto aun cuando sea lo más difícil.

b) Intención, la cual está compuesta por:

- · Motivo: es la razón de hacer algo.
- · Agenda: es la acción que se intenta ejecutar impulsado por el motivo.
- · Conducta: es la manifestación del motivo y la agenda.

c) Capacidades: se sostienen en las competencias, son básicamente las habilidades que tenemos para inspirar confianza. Estas son agrupadas en las áreas de Talentos, Actitudes, Habilidades, Conocimiento y Estilo.

d) Resultados: la persona debe demostrar el resultado de las conductas que fueron ejecutadas basadas en compromisos previos.

2. Relaciones basadas en Confianza

Este principio se basa en las cuentas de confianza, las cuales uno desarrolla en los demás cuando se ejecuta una conducta consistente. Las cuentas de confianza son como cuentas bancarias, uno deposita en ellas con una conducta consistente y saca dinero de esta cuenta cuando la conducta que uno ejecuta no es la esperada por el otro.

Las cuentas de confianza pueden ser incrementadas utilizando las siguientes conductas:

· *Hablando claro:* diciendo la verdad y dejando la impresión adecuada, demuestra integridad y no manipules los hechos para manipular a las personas.

· *Demostrando respeto:* demuestra que los demás te importan, en especial aquellos que no pueden hacer nada por ti. Deja de ser eficiente con las personas, invierte en ellas.

· *Crea transparencia:* cuando presentes una verdad, preséntala de una manera en que las personas puedan verificarla. Se abierto y auténtico, demuestra que lo que la gente ve en ti, es lo que ellos reciben de ti.

· *Arregla tus equivocaciones:* aprende a disculparte rápidamente y con sentido, no te disculpes por disculparte. Que tu disculpa venga acompañada con una acción que corrija tu error. No uses argumentos para tratar de cubrir tu error, es mejor aceptar que justificar.

· *Demuestra lealtad:* da crédito a otros, no los menosprecies. Habla siempre de las personas como si ellos estuvieran presentes. Representa aquellos que no pueden hablar ya que no están allí, si alguien habla mal de otra persona, defiéndela. Si conoces información personal de otros, no la divulgues.

· *Entregar resultados:* no prometas de más y entregues de menos. Es importante conocer nuestras limitaciones. Siempre cumple tus compromisos.

· *Busca mejorar:* demuestra un mejoramiento contínuo, busca ayuda en los demás para entender cómo puedes mejorar y actúa sobre esos consejos.

· *Confronta la realidad*: no entierres tu cabeza en la arena, si ves que los demás lo hacen, reconoce aquello que no quiere ser dicho en la conversación y ponlo sobre la mesa.

· *Clarifica las expectativas:* trata de crear una visión compartida desde el principio. Valida las visiones de los miembros del grupo y renegócialas si es necesario. No asumas que las expectativas son claras o que todos comparten las mismas expectativas que tú, valídalas siempre.

· Practica la responsabilidad: sé claro en cómo se comunica la evaluación de los resultados para ti y para otros. No cargues en los demás la responsabilidad cuando las cosas salen mal, evalúa que pudiste haber hecho mejor.

· *Escucha primero:* escucha antes de hablar, entiende, escucha con tus oídos, ojos y corazón. Trata de encontrar que conductas son importantes para la gente que trabaja contigo.

· *Mantén tus compromisos*: si dices que vas hacer algo, hazlo. No rompas la confianza de los demás o trates de decorar un compromiso roto tratando de hacer otros favores.

· *Extiende la confianza:* practica confiar en los demás, dale el valor que tienen a aquellos que se han ganado tu confianza, toma el riesgo de creer en la gente.

3. Confianza Organizacional

La tercera ola se basa en el principio de alinear la organización bajo los mismos valores. La cultura organizacional debe enfocarse en desarrollar los cuatro principios de credibilidad y el crecimiento de las cuentas de confianza a través de la aplicación de las 13 conductas. Haciendo esto, los impuestos organizacionales se reducirán y los dividendos organizacionales crecerán.

Impuestos Organizacionales	Dividendos Organizacionales
Redundancia, se requiere duplicar innecesariamente capas jerárquicas de la organización para lograr el control.	Incremento del valor de los niveles. Altos niveles de confianza reducen la necesidad de tener múltiples supervisores sobre el trabajo que una sola persona puede ejecutar.
Burocracia, complicadas reglas, regulaciones, políticas, procedimientos, procesos innecesarios que agregan complejidad, ineficiencia y costo.	Mejora la innovación, las compañías con alto nivel de confianza generan innovación de sus productos y servicios.
Política, uso constante de estrategias y tácticas para ganar poder, estas conductas generan pérdida de tiempo, talento, energía y dinero.	Mejora la colaboración, sin confianza la colaboración es simplemente cooperación, lo cual no genera los beneficios y las posibilidades de la verdadera colaboración.
Desconexión, la gente trabaja en la empresa pero ya renunciaron a ella, sus cuerpos están allí pero no sus corazones o su mente.	Fortalece las asociaciones, los negocios externos dependen mucho de la confianza.
Rotación, se tienen la pérdida indeseada de Capital Humano, la baja confianza en la empresa hace perder el Capital Humano en especial aquel que no se desea perder.	Mejor ejecución, las organizaciones con gran nivel de confianza ejecutan mejor su estrategia.
Revuelta, pérdida de accionistas externos, como proveedores, inversores, distribuidores y clientes.	Aumenta la fidelidad, los accionistas, trabajadores, proveedores, distribuidores, inversores y clientes sienten más conexión con la organización.
Fraude, la redundancia y la burocracia que se genera como resultado del fraude crea mucho más pérdida de tiempo y dinero que el propio fraude.	

4. Confianza del Mercado

La organización, en particular la marca de la organización, genera un nivel de reputación a partir de una historia de confianza. Cuando la marca de la organización refleja los cuatro principios y las 13 conductas que hacen crecer las cuentas de confianza, la marca genera reputación. Lo que crean los clientes, productores, suplidores, en general todos los accionistas, desarrolla la confianza en la marca.

5. Confianza Social

La confianza social se desarrolla principalmente en la contribución de la organización al entorno social. Cada vez más la conciencia de un ciudadano global es importante, cuando la organización demuestra que existe este valor se desarrolla la confianza social.

*Atención, es importante el saber que estas teorías son traducidas y adaptadas del libro "The Speed of Trust", han sido tomadas palabras de este libro con la finalidad de ejecutar el sumario. En ningún momento intentamos tomar estas teorías como propias, respetamos los derechos del autor.

III.3. La Necesidad

Durante la Era Industrial, la necesidad o demanda del mercado dictaba la pauta para la ejecución del trabajo, era común el pensar que si el sujeto no era útil para llenar una demanda, éste no servía para nada, es decir, la capacidad productiva del individuo se calificaba como inservible, ya que no era capaz de intercambiarla por otros bienes o servicios. En la era actual, la demanda, contrario a todas las teorías económicas y la oferta son superiores a la capacidad de producción y consumo real del hombre, lo que permite, que algunos reconozcamos el fenómeno y nos demos la oportunidad de concentrarnos en nuestra necesidad interior y no solo la exterior. Esto nos conduce a algunos pocos iniciar el camino al Ergon, encontrando un balance entre lo interior y lo exterior.

Cualquier economista me insultaría al escuchar la afirmación de que la demanda y la oferta son superiores al hombre, al consumidor. Se supone que la oferta llena a la demanda, por lo que para el *homus-economicus*, las dos obligatoriamente son indirectamente proporcionales. Pero lo cierto es que la mercadotecnia, en su afán de lograr que los mercados se mantengan consumiendo han creado una necesidad irreal, en la que el *homus-economicus* piensa que debe consumir todo lo posible, consumir todos los recursos que están a su alcance, por lo que la demanda virtual es superior a la oferta real, lo que permite que el mercado siga funcionando; pero lo cierto es que la demanda real es mucho menor a la capacidad de oferta, lo que ocasionará en pocos años un irremediable colapso económico.

Aunque me estoy desviando un poco del tema que quería presentar, este punto es importante para entender como el individuo de esta nueva era debe balancear la necesidad interior con la necesidad del mercado, lo que permitirá el logro del Ergon y el balance futuro de un sistema de abundancia.

Lo importante de esta sección es entender que la necesidad básicamente se debe balancear entre el bienestar del individuo y la demanda, presentando la siguiente pieza en el modelo:

Bienestar
FRESA
Necesidad Demanda

Necesidad Interna, La Búsqueda Del Bienestar

Según Maslow y su "Teoría de la Motivación Humana", las personas tenemos un grupo de factores que nos impulsan a hacer las cosas, nuestras necesidades.

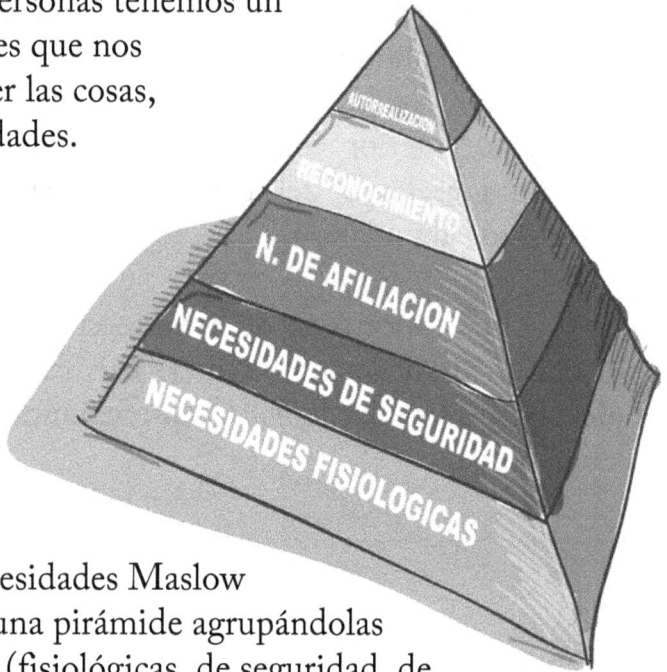

Estas necesidades Maslow las presenta en una pirámide agrupándolas en "deficitarias" (fisiológicas, de seguridad, de amor/pertenencia y de reconocimiento) y de "desarrollo del ser" (auto-realización).

Algunos teóricos defienden la creencia de que cada nivel es limitante del otro, es decir, sin cubrir las necesidades fisiológicas, el individuo no se ocuparía de las necesidades de seguridad y así sucesivamente para cada uno de los niveles. Para otros teóricos, esto no sucede, en mi opinión personal, creo que los niveles anteriores limitan en gran parte la capacidad de pasar al siguiente nivel, aunque dependiendo de las características individuales de cada sujeto, la limitante de pasar de un nivel inferior a uno superior sin llenar el primero será mayor o menor.

El punto importante de esta teoría es la función de la mercadotecnia, la cual nos amarra a los dos primeros niveles la necesidad fisiológica y la necesidad de seguridad. Como ya se mencionó en otro capítulo, si encendemos la radio o la televisión nos daremos cuenta que los mensajes constantes son de consumo (N. Fisiológica) o de miedo (N. Seguridad), son la marca común de la sociedad. Visita McDonals, viene una tormenta, toma Coca-Cola, mataron a un niño, usa condones Durex, colocaron una bomba en París y pare de contar. Haga el ejercicio, use las clasificaciones de consumo y miedo cuando este frente a un medio de comunicación de masas y se dará cuenta de lo que digo. Por cierto, no creo que esto sea el plan macabro de un grupo que quiere controlar el mundo, esto es el resultado de nuestro actuar como colectividad.

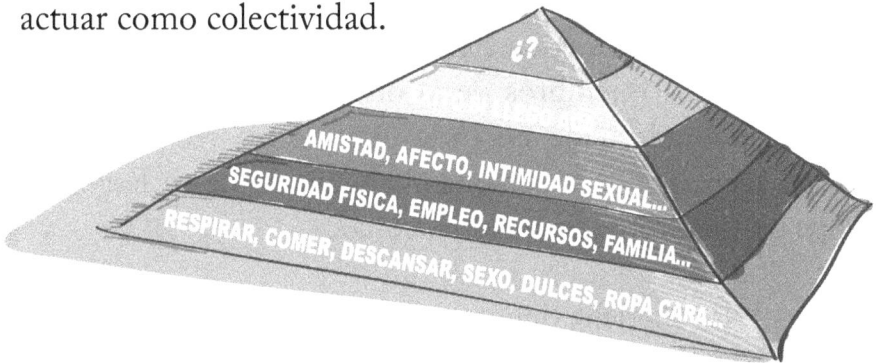

Este empeño de la humanidad de quedarse en los dos primeros niveles genera que la base de la pirámide se alargue, lo que hace más difícil que la persona se preocupe por su autorrealización, por lo tanto, existe una mayor tendencia a "trabajar" que al desarrollo de su Ergon.

Para la solución de este modelo, yo presento una torre, la "Torre de la Motivación Humana", esta viene siendo mi interpretación de la pobreza predicada por Cristo. Con esta torre, invito al sujeto a reducir conscientemente cada uno de los niveles hasta igualarlos; de esta forma se reduce la dificultad de movilizarnos entre los niveles.

| Auto-Realización |
| Reconocimiento |
| Afiliación |
| Seguridad |
| Fisiológicas |

Organizaciones como Google, The Boston Consulting Group, Wegmans Food Markets, Kimley-Horn and Associates, entre otros, entienden las necesidades fisiológicas y de seguridad de sus miembros, pero además enfocan sus políticas en llenar las necesidades sociales y de estima en los miembros de la organización, lo que permite un balance adecuado en cada uno de los segmentos de la torre, acercando a la persona al encuentro de su Ergon en el tope de su autorrealización personal.

Este modelo tiene una mayor explicación en el libro que será publicado posterior a éste. En el cual se ampliará más a profundidad este modelo, pero es importante considerar como llenar las necesidades motivacionales, el salario emocional de los miembros de la organización, de tal forma que trabajaremos una herramienta fundamental que se encarga de la búsqueda del bienestar.

El Modelo FRESA y La Psicología Positiva

El término FRESA nace de una recomendación de mi amigo Reinaldo Boada "Recuerda que a los españoles no le gusta mucho los términos en inglés". Ya que este libro nace como parte de un curso para una organización Española, decidí crear el término FRESA.

FRESA es una fácil adaptación, o ejercicio nemotécnico para el acrónimo en inglés PERMA. Es importante entender que es una adaptación y no una traducción, muchas cosas del inglés no pueden traducirse textualmente ya que por razones lingüísticas o culturales el significado no es el mismo. Por ejemplo, mi sistema de navegación de rutas me avisa *"Be careful a car in the shoulder ahead"*, a lo que la traducción literal seria: *"cuidado un coche en el hombro más adelante"*… a lo que yo respondo, *"Nooo puede ser, ¡un carro-loro!"*… respuesta que a mi esposa no le da mucha risa; no sé si a usted le da risa, pero es un ejemplo concreto para apoyar el punto que no son traducciones literales, son adaptaciones.

El modelo PERMA, fue creado por el Psicólogo Martin Seligman, el cual como presidente de la Asociación Americana de Psicólogos, promovía el desarrollo de la Psicología Positiva, con la cual creó el término PERMA que fue publicado en su libro "Flurishing" en 2011.

El modelo de la Psicología positiva es muy importante

porque nos posibilita pasar de un modelo poco definido, o tal vez poco comprendido por la ciencia actual, como el que presentó Aristóteles y llamó el logro del Hombre Virtuoso, "La Felicidad", a un modelo claramente definido con componentes y factores específicos como lo es PERMA/FRESA[31]. Para la Psicología positiva esa felicidad se le llama "Bienestar" y se encuentra operacionalizada en el modelo PERMA lo que nos habilita como científicos la capacidad de medir y controlar la variable bienestar, lo que en palabras sencillas quiere decir que es algo tangible que se puede alcanzar.

Martin Seligman presenta el modelo "PERMA" como los cinco elementos esenciales que deben estar presentes en nosotros para experimentar el bienestar en una actividad, los cuales son:

PERMA - Positive Emotion   FRESA - Emoción Positiva
PERMA - Engagement   FRESA - Fluir
PERMA - Relationships   FRESA - Relaciones
PERMA - Meaning   FRESA - Sentido
PERMA - Acomplishment   FRESA - Alcanzar

[31] El modelo PERMA fue traducido y adaptado de Seligman, M. (2011)

FRESA - Fluir o PERMA - Engagement

Engagement se traduce literalmente como compromiso u obligación, a los anglosajones el sentido de los compromisos representa una característica positiva que se desea tener; para los hispanos la palabra deber o compromiso, dista mucho de ser positivo, la traducción literal de *Engagement*, no reflejaba la esencia del significado para el hispano. Este factor es más un placer que un deber, y siendo las cinco variables de FRESA mutualmente excluyentes, puesto que el placer se puede considerar dentro del conjunto de Emoción Positiva, he decidido usar un término más neutral y oriental, como lo es Fluir.

El fluir ocurre cuando estamos verdaderamente sumergidos en una situación, una tarea o proyecto, el tiempo parece no existir, perdemos nuestro sentido del consciente, de nosotros y nos concentramos intensamente en el presente. Lo común es expresar que en ese estado se siente muy bien. Cuanto más experimentamos este tipo de conexión con la actividad, es tanto más probable que se experimente el bienestar.

Este término es llamado por algunas tendencias "Mindfullnes", que claramente no se traduce literalmente como "Mente Llena", sino como "Atención Plena", lo cual es estar totalmente presente en el momento actual, no pasado, ni futuro.

FRESA - Relaciones o PERMA - Relationships

Como seres humanos, somos "seres sociales" y las buenas relaciones son fundamentales para nuestro bienestar. Una y otra vez, vemos que las personas que tienen relaciones significativas y positivas con los demás son más felices que aquellos que no lo hacen. Las relaciones son realmente importantes.

FRESA - Emoción Positiva o PERMA - Positive Emotion

Para nosotros experimentar el bienestar, necesitamos emociones positivas en nuestras vidas. Cualquier emoción positiva como la paz, la gratitud, la satisfacción, el placer, inspiración, esperanza, curiosidad, o el amor entra en esta categoría. La emoción positiva es realmente importante para disfrutar en el aquí y ahora, este factor favorece que los otros elementos de FRESA siempre estén en su lugar.

FRESA - Sentido o PERMA - Meaning

El logro del sentido se presenta cuando la actividad presenta la función de servir una causa más grande que nosotros mismos. En general, se puede lograr a través de seguir una deidad específica o religión, o una causa que ayuda a la humanidad de alguna manera. Todos necesitamos tener un sentido en nuestras vidas para lograr una sensación de bienestar.

FRESA - Alcanzar o PERMA - Acomplishment

Muchos de nosotros nos esforzamos para mejorarnos, evolucionar de alguna manera; como por ejemplo, si tratamos de dominar una habilidad, lograr un objetivo valioso, o ganar en un evento competitivo. Como tal, el alcanzar un logro es una parte importante que contribuye a nuestra capacidad de lograr bienestar.

FRESA es un modelo que cambia la vieja filosofía del "Carrot and Stick", el cual por muchos años ha imperado en modelo industrial, pero que carece de todo sentido en nuestra era actual. Esta metodología de combinar premios y castigos para generar las conductas adecuadas se deriva del modelo conductista de B.F. Skinner, el cual funcionaba muy bien para generar las conductas adecuadas en un modelo industrializado.

Lamentablemente el conductismo Skinneriano reduce por completo la capacidad dinámica del sujeto de adaptar sus conductas a nuevos escenarios, por lo que es preferible la aplicación de un modelo instrumental parecido a lo propuesto por Edward Thorndike; el cual, es necesario para cualquier intento de creatividad e innovación. Nuevamente se demuestra acá, que el modelo que se utiliza en las organizaciones es un modelo de varias eras anteriores. Para poder brillar en la era actual, la ejecución del "Carrot and Stick" (Skinner) debe cambiar a un modelo de ensayo y error (Thorndike) para evolucionar al modelo FRESA (Seligman).

El cambiar el modelo de uno que genera motivaciones externas, a otro que genera motivaciones internas (salario emocional), beneficia al individuo y a la organización. El individuo logra el alcance del bienestar y la felicidad; mientras que la organizacion tambien se beneficia, ya que un sistema de motivaciones internas aumenta la creatividad, la innovación, la fidelidad, la integridad, la confianza, la comunicación, trabajar para otros con pasión, etc. El modelo FRESA no solo mejorará la vida del individuo, potenciará los valores requeridos para toda organización que quiera existir en la nueva era.

Necesidad Externa, La Demanda

Ya habiendo tocado el tema de la necesidad personal, podemos proceder a hablar de la necesidad del mercado o demanda. En general, se tiene establecido que la necesidad del otro, la demanda, puede ser cubierta por productos o servicios. Estos productos o servicios ameritan la participación de una persona o grupo de personas para ser ejecutados. Esta ejecución ha sido denominada durante nuestra historia humana como trabajo, palabra que ha sido remplazada en este libro por la palabra Ergon.

Esta distinción no es simple capricho del escritor de este libro, esta palabra viene a cumplir un rol muy importante en la diferenciación de las demandas internas y externas al sujeto. El Ergon se basa en una necesidad interior de cumplir una función, esta función es la que logra llenar la demanda; por el contrario el trabajo se da únicamente por una demanda externa, la demanda del mercado.

En varias partes de este libro se intercambian la palabra Ergon y trabajo, esto se hace para poder explicar algunos conceptos que usted como lector tradicionalmente los conecta con la palabra trabajo. No se preocupe por tratar de diferenciarlos en este momento, es un proceso que tardará tiempo, a continuación necesitamos usar la palabra trabajar o trabajo para que sea clara la explicación.

Cuando hablamos de trabajar para llenar la demanda, es importante entender como un material es transformado para llenar la demanda, o como una actividad es ejecutada para prestar un servicio, lo que nos lleva a la actividad del trabajo.

La actividad del trabajo, o actividad ergonómica, es el pilar del Departamento de Capital Humano. Mientras las políticas organizacionales, sueldos y salarios, reclutamiento y selección son los pilares fundamentales de Recursos Humanos; la actividad ergonómica es el pilar del Capital Humano. Esta ha sido completamente olvidada por los departamentos de Recursos Humanos; como ya se ha explicado, al pedir una descripción de puestos de trabajos al departamento de Recursos Humanos, es muy común que no exista, o esté tan obsoleta, que nadie en la organización puede hacer referencia de lo que está en el papel, con la realidad del trabajo. Pero usted se puede preguntar ¿Para qué se requiere una descripción de cargo?, y la verdad no quiero ser repetitivo, pero es muy importante que se entienda la importancia que tiene la descripción de puesto de trabajo, para nuestro modelo.

Cuando usted va a un pastelero, un zapatero, una costurera, es claro que ellos conocen muy bien como producir el producto que confeccionan, es lo que hacen una y otra vez por muchos años. Cuando estos diversifican sus productos, se empieza a complicar, ya que no es el mismo producto que se repite una y otra vez, ya son varios. Para el caso de los servicios, también la cosa es un poco más complicada, un Psicólogo o un Abogado, por más buenos que sean en su profesión, estos normalmente se especializan en una área de trabajo.

Si este proceso de entender la ejecución del trabajo se complica en una profesión, la cual presenta una ejecución prácticamente sencilla, qué podría pasar cuando el resultado del trabajo, un producto o un servicio, esté ejecutado por una cadena de personas, que tienen diferentes personalidades, diferentes profesiones, diferentes puntos de vista sobre el producto final. Es evidente lo que pasa, todo se vuelve un caos y el producto final no cumple con las propiedades de calidad, costos y tiempos de producción esperados.

Es sumamente importante para el departamento de Capital Humano, el entender la base de la organización, la cual es la actividad del trabajo o actividad ergonómica interconectada con otras actividades ergonómicas para generar el producto final, es decir, la estructura organizacional[32].

La actividad Ergonómica está compuesta por dos factores, la actividad descrita o tarea y la actividad real o acción. Esta última acción, es simplemente la ejecución de los conocimientos del hombre, por lo cual, es pertinente también conocer la conducta y los pensamientos del hombre que ejecuta la acción. Por lo tanto, el especialista que se

---

[32] Puesto de trabajo + puesto de trabajo… + puesto de trabajo = estructura organizacional

encarga de estudiar el puesto de trabajo tiene que identificar:

Cómo se describe el puesto de trabajo por la organización basado en las necesidades de esta (tarea prescrita).

Cómo el sujeto que se encuentra en el puesto de trabajo percibe su puesto basado en las necesidades de la organización (tarea comprendida).

Cómo el sujeto ejecuta las actividades de su puesto de trabajo (tarea apropiada).

Esta relación entre el trabajo descrito y el trabajo real debe ser analizada cada seis meses o menos, dependiendo de la dinámica de la organización y los cambios en la demanda de los productos y servicios. En la actualidad las organizaciones cambian rápidamente para adaptarse a las necesidades del mercado, es absurdo mantener descripciones de cargo por más de un período de seis meses.

La Ergonomía como ciencia se basa en la interacción de dos objetivos fundamentales, las personas y el desempeño de la organización. Posterior a la descripción de la actividad ergonómica de un individuo, éste debe ser concatenado con las actividades ergonómicas de los demás individuos en la organización, creando lo que normalmente se conoce como estructura organizacional. Este ejercicio nos ayuda construir la organización de abajo hacia arriba, sistema diferente al usado por los Recursos Humanos los cuales siempre vienen de arriba hacia abajo. Tradicionalmente la ejecución del profesional de la Ergonomía, el Ergónomo, se inicia de arriba hacia abajo, ya que surge de una demanda presentada por el departamento de Recursos Humanos o por los líderes de la organización.

Es responsabilidad del Ergónomo, el ejecutar este procedimiento de arriba hacia abajo, analizando el desempeño de la organización hasta llegar a las personas que la conforman, posteriormente, desde las personas que conforman la organización, el Ergónomo debe recrear la necesidad de la organización, basado en la acción de las personas de abajo hacia arriba, lo que genera la separación de la demanda en la demanda inicial, presentada por los líderes de la organización, y la demanda real, lo que se encontró en la actividad de trabajo.

Después de ser detectada la demanda real se presenta a los líderes de la organización, si es aceptada, los líderes facilitaran al Ergónomo un nuevo proceso de arriba hacia abajo y de abajo hacia arriba para confirmar la información recolectada e iniciar un proceso de cambio. Si los líderes de la organización se encuentran desconectados de la realidad de los hechos que pasan en su organización, es muy común que la ejecución Ergónomo dentro de la organización sea bloqueada.

Aunque lo más óptimo para la organización es un ciclo continuo de abajo hacia arriba y arriba hacia abajo, guíado por un científico que experimente a diario la dinámica de la organización, la descripción de los puestos de trabajo y como estos se interrelacionan para formar la estructura organizacional es suficiente para mejorar y generar cambios gigantescos dentro de la organización.

El Ergónomo es el profesional ideal para entender la ejecución de la organización y en particular la ejecución del sujeto dentro de ella. Las necesidades de las personas y las necesidades de los mercados se encuentran en constante cambio en el mundo que vivimos actualmente, es importante dedicarse al estudio del Capital Humano para monitorear los cambios de esas necesidades y que sean satisfechas por su organización.

La Necesidad: Bienestar + Demanda

El balance entre la necesidad interna y la necesidad externa o social es tópico de muchas de las ciencias humanas. En Psicología, este tópico llega a las profundidades de la persona en el ego y es trabajada por tres de las corrientes que más me apasionan en la psicología, el psicoanálisis freudiano, el psicoanálisis lacaniano y el psicoanálisis adleriano. Aunque me encantaría compartir todas mis experiencias con las tres corrientes, es en Adler donde debo centrar más mi dirección, no sólo por que éste fue maestro de Viktor Frankl (pieza importante para este libro); sino porque también sus teorías han evolucionado dentro de la psicología organizacional, dando respuestas a ese balance, dando cabida al desarrollo de organizaciones positivas.

Las organizaciones positivas son las que permiten tener a sus miembros una vida laboral llena de sentido, lo cual no solo ayuda al sujeto a alcanzar el bienestar, de acuerdo con Chris Patterson (2006) las organizaciones positivas se caracterizan por las siguientes virtudes[33]:

Propósito: una visión compartida de los goles morales de la organización, los cuales son reforzados en conmemoraciones y celebraciones.

Seguridad: protección en contra de amenazas, peligros y explotación.

---

[33] Tomado de Rock, D. & Page, L, 2009, pg.417

Justicia: reglas balanceadas de gobierno, premios y castigos, los cuales son aplicados de manera consistente.

Humanidad: cuidado y preocupación mutua.

Dignidad: el tratamiento a todas las personas dentro de la organización como individuos importantes sin importar la posición que tenga.

Estas virtudes organizacionales permiten que las empresas sean más productivas y puedan competir sin esfuerzo con aquellas que no logran este nivel de conexión entre los personas. Las empresas que no logren este balance en la nueva era correrán un alto riesgo de desaparecer tanto por la falta de conexión entre la organización y los miembros que conforman la comunidad (clientes, proveedores, distribuidores, etc); como por su poca capacidad de ser efectivos y competir en el mercado.

Conclusión

El modelo "bottom up" viene de las ciencias sociales, por tal razón se le tiene mucho miedo en el campo organizacional por pensar que es el uso de un modelo democrático de tomar decisiones en las organizaciones. Pero en Ergonomía esta práctica es muy común, el ergónomo toma la necesidad del cliente, que en general es el departamento de Recursos Humanos o la dirección (Arriba) y trata de entender la realidad de todos los niveles de la organización hasta llegar a la persona que genera la producción (Abajo); para posteriormente llevar la información recolectada de los trabajadores de la organización (Abajo) y llevarla al equipo que lidera la organización para la toma de decisiones (Arriba).

Durante el desarrollo de este libro se tomó un enfoque de lo mayor a lo menor, de la conceptualización hasta lo más pequeño que es la necesidad, siguiendo la fórmula del cambio, para estimular un cambio en usted y en su organización, teniendo que:

La Insatisfacción (D: Dissatisfaction) de la situación actual con respecto a la forma en que los Recursos Humanos están perdiendo al Capital Humano requerido para enfrentar los nuevos retos en las organizaciones es bastante alta.

La Visión (V) de lo que es posible a través del cambio es tangible en organizaciones como Google, The Boston Consulting Group, Wegmans Food Markets, Kimley-Horn and Associates y su visión de la inversión en el Capital Humano es clara.

Y teniendo los **primeros y concretos pasos** (F: First) que pueden ser tomados para llegar a la visión, los cuales fueron presentados en este libro, se puede entonces iniciar el cambio ya que no existe resistencia (R) que pueda en contra de que el cambio viene queramos o no.

Por lo tanto, tenemos que D x V x F > R, lo cual nos ayudará a empoderar el cambio en usted y podrá usar este modelo para empoderar el cambio en otros.

Esta última frase completaría la forma de estructurar la información de arriba hacia abajo, en función de esta estructura a continuación cerraremos el libro de abajo hacia arriba. No solo porque creo fielmente en la metodología, es una forma de ayudarlo a entender que significa esta metodología Arriba-Abajo / Abajo-Arriba, para que usted empiece a usarla en su organización.

El método Ergonómico, en especial el presentado por el profesor Pierre Falzon (con el cual tuve la oportunidad de estudiar), presenta que la metodología abajo-arriba debe iniciarse en el estudio de la actividad de trabajo. Es por eso que debemos iniciar en la actividad de trabajo, la cual se palpa en una buena descripción del puesto de trabajo. La descripción del puesto de trabajo debe llenar dos necesidades, la necesidad de la organización (demanda), la cual normalmente está alineada con la necesidad del mercado; y la necesidad de la persona (bienestar) que ésta llenando ese puesto de trabajo.

La descripción del puesto de trabajo es el pilar fundamental para el balance entre la necesidad de la organización y la del individuo. Además de esto, la descripción del puesto de trabajo le da una clara visión al individuo de cómo debe alinear los otros factores para el logro de su Ergon. Sin una clara visión del puesto de trabajo el individuo no puede llenar su Ergon, por lo que nunca podrá crecer su Capital Humano con respecto a la necesidad de la organización.

Es importante para este libro el transmitir la idea de que la motivación de llenar el Ergon es muy poderosa y está mucho más presente en las nuevas generaciones; es menester enfatizar en que si la necesidad de su organización no ayuda a la conformación del Ergon del sujeto, se verá invitado a llenar la necesidad en otra organización que lo ayude a formar su Ergon.

La fórmula de Ergon debe contribuir en la conformación de la descripción del puesto de trabajo el cual debe llenar dos factores primordiales la necesidad (Conjunto Horizontal) y la confianza (Conjunto Vertical).

La Necesidad:

A. Del individuo, la cual la reducimos a la variable bienestar y la fórmula para ser alcanzada "FRESA"

B. De la organización o del mercado, la cual genera el producto o servicio, la Demanda

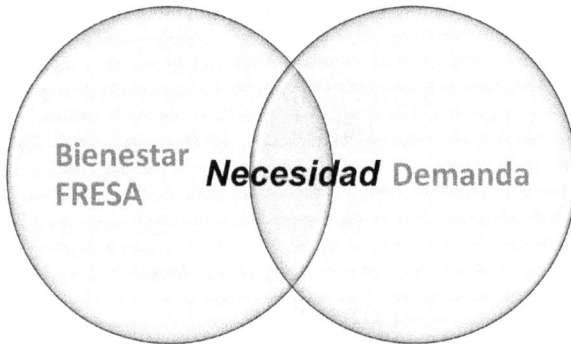

Bienestar FRESA **Necesidad** Demanda

La Confianza:

A. Talentos o competencias
B. Etica o carácter

Talentos
Competencias

Confianza

Etica

Esta interacción de la necesidad y la confianza desarrolla un Capital Humano capaz de evolucionar de manera sostenible en una simbiosis con clientes, proveedores, colegas, competidores, alianzas estratégicas, en fin, todos los interesados en la actividad productiva generado por el individuo. En eso se basa el desarrollo del Ergon para tener un mejor Capital Humano.

Talentos Competencias

FRESA

Demanda

Etica

Puede que el modelo parezca complejo, lo cierto es que este modelo es una propuesta, un inicio, una invitación a que usted se sumerja en el mundo de la Ergonomía.

Los detalles para la implementación completa del desarrollo del Capital Humano se encuentran en la aplicación de la ciencia ergonómica, lo cual es muy largo y tedioso de explicar en un solo libro, ya que tiene muchas ramificaciones. Pero acá, le he dado muy buena información para iniciar un cambio, que quiera o no, ya está ocurriendo, es su decisión ubicarse entre los mejores o quedarse en modelos anteriores.

Tome esta metodología y úsela en las descripciones de puestos de trabajo, en los sistemas de entrenamiento, los modelos de reclutamiento y selección, los procesos de seguridad y salud. Enfoque todas estas áreas en el crecimiento del Ergon del individuo y verá que si lo hace, usted permitirá que su organización se mueva de un modelo tradicional de Recursos Humanos a un nuevo modelo de la inversión en el Capital Humano.

Antes de terminar, volvamos a nuestro ejemplo del material entregado al nuevo empleado sobre su cargo en términos de competencias. Trate de hacer este ejercicio con los procedimientos que usted tiene en su organización, buscando el balance de la necesidad interna y externa, además de la aplicación de la confianza.

DESARROLLO DE EMPLEADO
Evaluación de competencias:

Los empleados son evaluados cada año en contra de las competencias básicas de la organización: Hacer que los clientes tengan más éxito; guiar la dirección; conducción de alto rendimiento; desarrollando a otros; y autodesarrollo. A través de este proceso, trabajamos con los mismos objetivos y se miden y se desarrollan de una manera consistente. Este programa prevé la planificación anual de desempeño, entrenamiento y evaluaciones.

El programa prevé la evaluación y discusión de su realización periódica, así como mantiene la coherencia y la equidad en la administración de los salarios. La realización del trabajo es evaluado por su supervisor inmediato sobre la base de su descripción de trabajo, estableciendo previamente expectativas / objetivos, el rendimiento general resultados / logros y evaluación de la conducta de competencia. Las evaluaciones de desempeño generalmente se producen anualmente, sin embargo, revisiones informales pueden ocurrir con más frecuencia.

La evaluación del desempeño es un tiempo para especificar las expectativas / objetivos a alcanzar y los indicadores clave de rendimiento que se medirán durante el próximo período de revisión para proporcionar un registro de su rendimiento y el progreso, y para evaluar su idoneidad para la continuación del empleo, la transferencia de trabajo y / o promoción. Se espera que todos los empleados mantengan un nivel satisfactorio de rendimiento.

Si no está de acuerdo con su evaluación de desempeño se le anima a discutir la diferencia con su supervisor en un esfuerzo por alcanzar una solución mutuamente satisfactoria. Si no se llega a una resolución, usted puede presentar una declaración escrita de las diferencias de opinión. Esta declaración se mantendrá con su evaluación de desempeño en su archivo personal de empleado.

Veamos que faltas podemos encontrar en este documento desde una perspectiva ergonómica:

> Los empleados son evaluados cada año en contra de las competencias básicas de la organización: Hacer que los clientes tengan más éxito; guiar la dirección; conducción de alto rendimiento; desarrollando a otros; y autodesarrollo. A través de este proceso, trabajamos con los mismos objetivos y se miden y se desarrollan de una manera consistente.

Las competencias de una organización (CO) son dinámicas, lo que es denominado "competencias básicas de la organización" (CBO) son en realidad objetivos organizacionales. Las CO son la sumatoria de las competencias de los individuos de esa organización. Las organizaciones deben medir anualmente las competencias de los sujetos exitosos dentro de la organización, esto estipula las mismas en los departamentos y en su conjunto las CO, que deben ser factores específicos; lo que presenta esta definición como CBO son generales.

> Este programa prevé la planificación anual de desempeño, entrenamiento y evaluaciones. El programa prevé la evaluación y discusión de su realización periódica, así como mantiene la coherencia y la equidad en la administración de los salarios. La realización del trabajo es evaluado por su supervisor inmediato sobre la base de su descripción de trabajo, estableciendo previamente expectativas / objetivos, el rendimiento general

resultados / logros y evaluación de la conducta de competencia. Las evaluaciones de desempeño generalmente se producen anualmente, sin embargo, revisiones informales pueden ocurrir con más frecuencia.

Este es uno de los párrafos que tiene más sentido desde una perspectiva ergonómica, sería perfecta si en la práctica existiera una descripción de cargo. En esta organización, como en la mayoría de las empresas, la descripción de cargo es sólo un referente para reclutar nuevas personas y una guía para hacer la oferta de trabajo. Para poder lograr la "evaluación de la conducta de competencia" esta descripción de cargo debe ser desarrollada en base a una estructura de competencias, cosa que como ya mencioné, no existe.

La evaluación del desempeño es un tiempo para especificar las expectativas / objetivos a alcanzar y los indicadores clave de rendimiento que se medirán durante el próximo período de revisión para proporcionar un registro de su rendimiento y el progreso, y para evaluar su idoneidad para la continuación del empleo, la transferencia de trabajo y / o promoción. Se espera que todos los empleados mantengan un nivel satisfactorio de rendimiento.

Esta frase carece de total sentido desde la perspectiva ergonómica, estás evaluando al empleado o estás planificando con el empleado los goles para el siguiente año. Desde la perspectiva de los Recursos Humanos tiene total sentido, ya que las expectativas y los objetivos a alcanzar son establecidos por la organización en base a sus compromisos con los accionistas de la organización; en función de esto el empleado debe llenar estos compromisos de la organización con los accionistas para lograr "su idoneidad para la continuación del empleo, la transferencia de trabajo y/o promoción" pasando a la amenaza final "se espera que todos los empleados mantengan un nivel satisfactorio de rendimiento".

Desde la perspectiva ergonómica se asume que el empleado es competente para estar dentro de la organización (confianza). Los procesos de perder a un empleado y contratar un nuevo generan altos costos, sin mencionar los altos riesgos de no encontrar una mejor persona para ese cargo que la que ya tenemos. La evaluación de desempeño desde la perspectiva ergonómica se encuentra separada de la evaluación del puesto de trabajo. En la evaluación del puesto de trabajo se ejecuta un proceso de mejora contínua, el cual ajusta el puesto de trabajo a las necesidades de la organización pero a su vez a las necesidades de la persona que ejecuta ese puesto de trabajo. Se busca que el puesto de trabajo llene el Ergon del sujeto.

La evaluación de desempeño, se realiza con la persona en base a los objetivos establecidos para el puesto de trabajo, en ésta, se trata de lograr entender que conductas tuvo la persona para lograr exitosamente los objetivos del puesto y qué cosas se podrían modificar para lograr alcanzar los objetivos establecidos para este puesto de trabajo.

La evaluación de desempeño se toma en consideración al momento de diseñar o de evaluar nuevamente este puesto de trabajo, es una información vital para el desarrollo del puesto de trabajo.

Básicamente, la evaluación desempeño, se hace sobre los compromisos que la persona tomó el año anterior durante la descripción del puesto de trabajo, estos compromisos no son impuestos por la organización, son un acuerdo entre la organización y la persona que ejecuta el puesto.

El ejercicio de ejecutar la evaluación de desempeño y la descripción del puesto de trabajo de forma separada, permiten que el empleado y el supervisor reconozcan las necesidades del individuo y de la organización por separado. En la evaluación de desempeño se le pide al empleado que cumpla sus compromisos con la organización, en la descripción del puesto de trabajo se hace un proceso de mejora contínua.

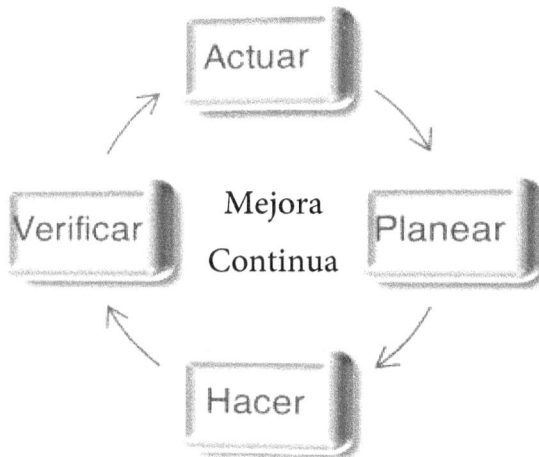

Actuar

Verificar

Mejora
Continua

Planear

Hacer

El "tiempo para especificar las expectativas / objetivos a alcanzar y los indicadores clave de rendimiento" es durante el análisis del puesto de trabajo, no en la evaluación de desempeño.

> Si no está de acuerdo con su evaluación de desempeño se le anima a discutir la diferencia con su supervisor en un esfuerzo por alcanzar una solución mutuamente satisfactoria. Si no se llega a una resolución, usted puede presentar una declaración escrita de las diferencias de opinión. Esta declaración se mantendrá con su evaluación de desempeño en su archivo personal de empleado.

En mi opionión este párrafo es sumamente contraproducente para una organización, se asume que la evaluación de desempeño es una cuestión de opinión y no de factores previamente estipulados. En esta época de un alto desarrollo científico y metodológico, como lo es una organización basada en modelos de competencias, es ilógico hablar de opiniones dentro de la evaluación de desempeño. Así que es claramente irrelevante la amenaza de mantener una declaración de diferencia de opiniones en el archivo personal del empleado. Al leerlo desde una visión centrada en el Ergon se denota la violación de la confianza y el balance de la necesidad.

Este ejemplo es una presentación ínfima de lo que está sucediendo en las organizaciones actualmente, podríamos hacer un libro entero de los errores de los departamentos de Recursos Humanos con respecto a las prácticas ergonómicas. La potencialidad que tiene la Ergonomía de modificar esto de una forma positiva para las empresas, el individuo y la sociedad es enorme.

Nuevamente quiero pedirle a mis compañeros de los Recursos Humanos que no vean esta crítica como la destrucción de los Recursos Humanos, como explica Edward E. Lawler III en su libro "Global Trends in Human Resource Management: A twenty-year analysis", la mejor manera de hacer frente a estos problemas no es necesariamente destruir o remplazar los departamentos de Recursos Humanos, es el crear un departamento que se encargue de la eficacia en la organización. "La creación de esta función de 'eficacia de la organización' puede ser clave para poner fin a la crítica de Recursos Humanos por su incapacidad para abordar cuestiones clave del negocio en las organizacio-nes".[34] La búsqueda de crear un departamento de Capital Humano es el desarrollar una nueva unidad que se centre en la eficacia de la organización.

Ayúdame en este nuevo movimiento, ayúdanos hacer las organizaciones más humanas y centradas en la eficacia de la organización. Se que este modelo no es perfecto, pero es un inicio para que usted y yo trabajemos en conjunto para concientizar nuestros errores y lograr un mundo mejor para las nuevas generaciones.

_____
[34] Lawler, E. (Agosto, 2015).

Gracias por tu interés en este documento, espero que esta información sea útil para usted, si tiene algún comentario, ejemplos de la pobre ejecución de su departamento de Recursos Humanos, o nuevas soluciones, no dude en contactarme a través de mi página web IgnacioSegovia.com